Christa Spilling-Nöker

# Kleines Buch der Lebensfreude...

Christa Spilling-Nöker

# Kleines Buch der
# Lebensfreude

HERDER

FREIBURG · BASEL · WIEN

HERDER spektrum Band 7121

Neuausgabe 2015

Umschlagkonzeption und -gestaltung:
Agentur R• M• E Eschlbeck/Hanel/Gober
Umschlagmotive: © Gautier Willaume – fotolia.com /
Designbüro gestaltungssaal, Sabine Hanel

Herstellung: Těšínská Tiskárna, a.s.

Printed in Czech Republic

ISBN 978-3-451-07121-8

# Inhalt

# Auf den Spuren der Freude

*Einstimmung*

Freude zu erleben ist eine unserer größten Sehnsüchte. Wir möchten den Tag fröhlich beginnen, mit einer guten Hoffnung im Herzen, dass uns heute etwas ganz besonders Schönes geschenkt wird, das unsere Sinne belebt und uns innerlich aufblühen lässt. Manchmal genügt dazu schon ein Blick in die Natur, ein heiterer Anlass zum Lachen oder der bewusste Genuss freier Zeit und ruhiger Stunden.

Aber auch ein freundliches Wort am Nachbarszaun, ein lieber Gruß von Freunden oder gar ein überraschender Blumenstrauß können Wunder wirken und uns den Tag in glanzvollem Licht erscheinen lassen. Sie beleben uns dazu, selbst auch andere Menschen mit liebevollen Gedanken und Ideen zu beglücken.

Doch es gibt immer wieder Zeiten, in denen uns mehr zum Weinen als zum Lachen zumute ist, in denen die Lebensfreude der Trauer weichen muss, weil uns Kummer und Sorgen oder auch tiefe Schmerzen um den Verlust eines geliebten Menschen nicht zur Ruhe kommen lassen. Es braucht oft lange Zeit, bis wir das Dunkel durchlitten und durchschritten haben, um am Ende des Tunnels wieder Licht zu sehen und uns dem Leben mit seinen hellen Seiten wieder öffnen zu können. Vielleicht können wir nach solchen leidvollen Erfahrungen das Glück, das uns bisher geschenkt worden ist, noch viel tiefer schätzen. Da, wo wir uns selbst in der eigenen Tiefe begegnet sind, haben wir den Weg zu unserer eigenen Mitte gefunden, zu dem göttlichen Trost, der uns aus unserem Selbst entgegenströmt, so wie es der Mystiker Angelus Silesius formuliert hat:

*Halt an, wo läufst du hin,*
*der Himmel ist in dir;*
*Suchst du Gott anderswo*
*du fehlst ihn für und für.*

Diese Erfahrung des Göttlichen in uns selbst beschenkt uns immer wieder neu mit der beglückenden Gewissheit, dass unser Leben einen Sinn hat, weil wir ein einmaliger, unverzichtbarer Teil des kosmischen Ganzen sind. Aus dem tiefen Gefühl der Dankbarkeit darüber werden wir dazu bewegt, unseren ganz persönlichen Beitrag zum Erhalt dieser göttlichen Welt – zu einem friedlichen und heilvollen Leben auf dieser Erde – zu leisten.

*Christa Spilling-Nöker*

# 1

# *Vom Geheimnis der Freude*

## *Augenblicke voller Lebenslust*

*Freude ist, das Leben durch einen Sonnenstrahl hindurch gesehen.*
    *Carmen Sylva*

## Vorfreude ist die schönste Freude

„Vorfreude ist die schönste Freude", lautet ein Sprichwort. Da ist etwas Wahres dran. Die innere Spannung, die die Vorfreude in sich trägt, setzt allerlei Fantasien frei und regt die Tagträume dazu an, sich mit dem erwarteten Ereignis im Vorhinein zu beschäftigen und es sich in den schillerndsten Farben auszumalen. Tagträume und Fantasien aber beleben uns und lassen uns bisweilen innerlich ein Stück abheben von unseren Alltagssorgen. Die Anstrengungen, die enttäuschenden und negativen Erfahrungen, die in dieser Zeit der Vorfreude natürlich auch nicht ausbleiben, verlieren ihre erdrückende Macht angesichts der heiteren Ungeduld, die uns ergriffen hat.

# Morgen gibt es ein Fest

Ich freu mich so auf morgen,
vergesse alle Sorgen,
denn morgen gibt's ein Fest,
das mich nicht ruhen lässt.

Wie werde ich mich kleiden,
mit Samt oder mit Seiden?
Womit will ich mich schmücken,
um alle zu entzücken?

Gelingt mir wohl das Essen?
Hab ich auch nichts vergessen?
Reicht denn der Wein im Haus
für alle Gäste aus?

Ach, liefen doch die Stunden,
ich sag es unumwunden,
nur schneller so daher –
dass heut schon morgen wär.

# Den Tag freundlich begrüßen

Wer den neuen Morgen freundlich begrüßen kann, den erwartet ein heiterer Tag, auch wenn es draußen regnet und stürmt. Die sprichwörtliche Sonne im Herzen beschenkt uns mit der Fähigkeit, den vor uns liegenden Tag als Geschenk anzunehmen, von dem wir noch gar nicht wissen, mit welchen wundervollen Erfahrungen, Wahrnehmungen und Begegnungen er uns überraschen will. Wer weiß, welche Freude uns heute vom Himmel fällt, welcher gute Mensch ein liebevolles Wort für uns findet oder uns einen von Herzen kommenden Gruß sendet.

Wenn wir unterwegs sind, dürfen wir in den Vorgärten anderer Häuser die ersten Krokusse, Narzissen, Tulpen oder später auch Sonnenblumen, Astern oder Christrosen entdecken. Jeder Blick in die sich ständig wandelnde Natur kann unser Herz mit Freude und Frohmut erfüllen.

# Zauber der Jahreszeiten

Wenn ich die Natur betrachte, so finde ich nur zwei Worte dafür: Schönheit und Wandel.

Im Winter durch den knirschenden Schnee stapfen, vorbei an beschneiten Tannen und zugefrorenen Seen, und das sich brechende Sonnenlicht in den Eiszapfen bestaunen. Den ersten Schneeglöckchen vertrauen, dass der Frühling nicht mehr lange auf sich warten lässt. Sich an Tulpen und Narzissen ergötzen und das erste Mal eine Stunde draußen auf einer Bank verweilen. Sich mit klopfendem Herzen von dem Blütentraum der Obst- und Mandelbäume berauschen lassen. Dem Vogelkonzert andächtig lauschen. Den Duft der Rosen tief in sich einatmen und dabei zusehen, wie die Marienkäfer die Läuse auf den Blättern verspeisen. Erdbeeren naschen. An heißen Sommertagen am Strand liegen und sich in die kühlen Wellen stürzen. Den salzigen Geruch des Meeres in sich aufsaugen. An den langen lauen Abenden, mit einem Glas Wein vor sich, auf der Terrasse sitzen und der versinkenden glutroten Sonne eine gute Nacht wünschen. In mildem Herbstlicht durch die Weinberge wandern, den Anblick der prallen hellgrünen und roten Trauben genießen und bei der Lese zusehen. In einen rotbackigen Apfel beißen. Sich von den bunten Blättern an den Bäumen, die in der Sonne rot, gelb und braun aufleuchten, hinreißen lassen und mit den Schuhen durch raschelndes Laub streifen. Die filigrane Kunst eines Spinnennetzes bestaunen. Wenn die Nebel aus Wiesen und Wäldern steigen, die milchigen Farben und verschwommenen Konturen wahrnehmen. Hinter dem Fenster die heftigen Stürme und die sich darunter biegenden Bäume mit Ehrfurcht betrachten. Das Prasseln des Regens als Konzert empfinden. An den kürzer werdenden Abenden auf die ersten Schneeflocken warten und hoffen, dass einen das kommende Jahr mit dem gleichen Zauber entzückt.

# Kindliches Vergnügen

Bisweilen sind wir vielleicht fasziniert darüber, wie Kinder sich freuen können. Aufsteigende Seifenblasen oder bunte Luftballons können die Kleinen völlig bezaubern und für einige Zeit ihre Aufmerksamkeit ganz in Anspruch nehmen. Wir haben Spaß und Freude an ihrer ungeteilten Begeisterung angesichts von Vergnügen, die wir für uns selbst eher als Banalität abtun. Vielleicht sollten wir uns von der kindlichen Begeisterungsfähigkeit anstecken lassen und selbst wieder die Freude an kleinen und uns oft als unscheinbar anmutenden Dingen entdecken. Möglicherweise können wir auch wieder einmal Freude verspüren an der Fahrt mit einem Riesenrad oder daran, die Samen einer „Pusteblume" wegzublasen und die umherschwebenden „Fallschirme" zu betrachten.

# Staunen können

Staunen können wie ein Kind, selbstvergessen
sein im Augenblick, das meint Jesus wohl,
wenn er verkündet, dass wir nur dann in das
Reich Gottes gelangen, wenn wir es eben wie
ein Kind annehmen. Das Paradies schenkt sich
uns heute, hier und jetzt da, wo wir die zahllosen Wunder des Lebens mit großen Augen
so überrascht betrachten, als wäre die Welt in
diesem Moment erst erschaffen worden.

## Sich manchmal freuen wie ein Kind

Sich manchmal wieder
freuen können wie ein Kind.
Sich ganz im Augenblick verlieren,
einem Luftballon nachschauen,
der zum Himmel aufsteigt
und in den Wolkenformationen
Tierfiguren entdecken.

Sich manchmal wieder
freuen können wie ein Kind,
der Spur des Marienkäfers folgen,
und vor Begeisterung
in die Hände klatschen,
wenn die Enten im Teich
nach dem Futter schnappen.

Sich manchmal wieder
freuen können wie ein Kind,
unbefangen bei Spaß und Spiel,
jeden Tag auf Entdeckungstour,
was einem das Leben heute wohl
an Überraschungen offenbaren
und schenken will.

# Sich gern an Schönes erinnern

„Die Erinnerung ist das einzige Paradies, aus dem wir nicht vertrieben werden können", hat Jean Paul einmal gesagt. Eine nicht ganz unproblematische Aussage, denn wenn wir zurückdenken, fallen uns ja nicht nur freudige Augenblicke ein. Dennoch: wir sollten uns immer wieder einmal daran erinnern, welche Erfahrungen uns im Leben besonders beglückt haben. War es der Geruch nach frischem Kuchen in der Kindheit oder die Geborgenheit auf dem Schoß der Großmutter, wenn sie uns Geschichten erzählt hat? War es die Einschulung, eine Klassenfahrt oder die erste Liebe? Erinnern wir uns gern an die Feier eines besonderen Festes oder an eine außergewöhnliche Reise? Hat uns eine Landschaft tief beeindruckt, das Rauschen des Meeres? Wie im Film laufen die Bilder solcher Szenen noch einmal vor dem inneren Auge ab – und wir atmen die Luft des Paradieses.

# Manchmal denke ich gern zurück

Manchmal denke ich gern zurück:
an die Hand der Mutter,
die mich schützend hielt
und an die Lieder,
mit denen sie mich
in den Schlaf gesungen hat.

Manchmal denke ich gern zurück:
an den Kirschbaum im Garten,
mit seinen süßen Früchten
und an den frisch gebackenen
Apfelkuchen, den es
zum Sonntagskaffee gab.

Manchmal denke ich gern zurück:
an die frohen Spiele
mit den Nachbarskindern,
an Jo-Jo und Gummitwist
und an das Eis, das am Ende
ein jeder bekam.

# Unser Leben sei ein Fest

„Unser Leben sei ein Fest". Mit dieser Zeile beginnt ein modernes Kirchenlied. Ist das nicht etwas zu abgehoben angesichts all der Probleme, die wir mit uns herumtragen und all der Sorgen, die uns gefangen nehmen? Was gibt es da zu feiern? Aber vielleicht überlassen wir unseren Beschwernissen manchmal zu viel Macht. Wir erlauben ihnen, uns den Blick für die hellen und beglückenden Erfahrungen des Alltags zu verdunkeln. Natürlich gibt es Zeiten, in denen uns weder zum Lachen noch zum Feiern zumute ist. Aber vielleicht können wir uns immer wieder darum bemühen, neben all dem, was uns bedrückt, auch den Erlebnissen, die uns gut tun und uns beleben, mehr Gewicht zu verleihen. Vielleicht bekommen wir Lust dazu, jedem schönen Ereignis des Tages am Abend eine Kerze anzuzünden. Und ich bin sicher, dass es dadurch in den äußeren wie inneren Räumen nach und nach hell wird.

# Glückes Schmied

„Man sollte die Dinge so nehmen, wie sie kommen. Aber man sollte dafür sorgen, dass sie so kommen, wie man sie nehmen möchte", hat Curt Goetz einmal formuliert. In der Tat: Manches im Leben müssen wir so akzeptieren, wie es geschieht. Nicht auf alles haben wir Einfluss. Andererseits sollten wir uns auch vor einer Schicksalsgläubigkeit hüten, die uns die Hände in den Schoß legen lässt. Erfolg und Anerkennung können wir uns meistens selbst erarbeiten. Der wachsame Umgang mit unserem Körper dient unserer Gesundheit, damit wir neue Pläne schmieden und auf ihre Umsetzung hinarbeiten können. Auch die Pflege von Freundschaften obliegt unserer Achtsamkeit, damit die Beziehungen nicht aufgrund unserer Nachlässigkeit einschlafen. Und wir haben Einfluss darauf, ob wir uns den Tag so einteilen, dass genügend Zeit für uns selbst bleibt.

# Kleine Freuden des Alltags

Heute hatte ich einen guten Tag. Die Arbeit ließ sich leicht erledigen, die Bedienung im Lebensmittelladen war aufmerksam, der Bankangestellte am Schalter freundlich. Im Café wurde ich zuvorkommend bedient und – rein zufällig – fand ich das richtige Geburtstagsgeschenk für meine beste Freundin. Im Stadtgarten legte ich mich auf eine Wiese und träumte gedankenverloren vor mich hin. Abends bereitete ich mir daheim ein schmackhaftes Essen zu, das ich Bissen um Bissen genoss. Dann setzte ich mich auf den Balkon und las so lange in einem spannenden Buch, bis mich die Sterne vom Himmel grüßten, und ich es aufgrund der Dunkelheit aus der Hand legen musste. Mit einem Glas Wein nahm ich in aller Stille Abschied von einem Sommertag, der mich mit lauter kleinen Freuden beschenkt hatte.

## Tagebuch der Freude

Von heute an
nehme ich mir vor,
jeden Abend
all das Schöne,
das ich am
verflossenen Tag
erleben durfte,
aufzuschreiben.
Daraus ergibt sich
im Laufe des Jahres
ein Tagebuch
der Freude.

# Von Herzen fröhlich sein

Menschen, die Freude im Herzen haben, sind fröhliche Menschen. Sie können sich an den kleinsten Dingen im Alltag begeistern. Der Duft einer Tasse frischen Kaffees und der Genuss eines knusprigen Brötchens vermag sie für den vor ihnen liegenden Tag zu beflügeln. Sie freuen sich an den Farben des Regenbogens und an dem Sonnenlicht, das den Himmel nach dem erfrischenden Regen wieder erobert. Eine angenehme Musik aus dem Radio verlockt sie auch an den düstersten Tagen, soweit es möglich ist, die Alltagsarbeit zu unterbrechen und zu tanzen. „O Mensch, lerne tanzen, sonst wissen die Engel im Himmel nichts mit dir anzufangen." (Augustinus). Dabei brauchen wir, wenn wir vom Himmel hören, nicht auf ein fernes Jenseits zu warten. Wer vor Freude lachen, singen und tanzen kann, der erlebt den Himmel schon hier auf Erden.

## Das Leben ist schön

Heute will ich
singen und tanzen,
weil ich glücklich
darüber bin,
dass es mich gibt.
Das Leben ist so schön,
und ich bin froh,
dass ich für die Zeit,
die mir geschenkt ist,
teilhaben darf
an der himmlischen Freude,
die mich immer wieder
aufs Neue beseelt
und beschwingt.

# Lachen ist gesund

„Lachen ist gesund", so gesund, dass es inzwischen sogar Lachtherapien gibt. Lachen entspannt die Seele, stärkt die Immunabwehr, und produziert körpereigene Glückshormone. Aber wann ist uns zum Lachen? Eine besonders komische Situation mag uns vielleicht dazu verlocken, ein völlig absurder Einfall oder ein außerordentlich gelungener Witz. Vielleicht kann man es unter guten Bekannten, Freunden oder sogar mit Arbeitskollegen einüben, sich immer wieder gegenseitig zum Lachen zu bringen. Denn das ist ja die in diesem Fall schöne Nebenwirkung des Lachens: Es ist ansteckend. Und, wenn es nicht aus Schadenfreude oder Spott entsteht, verbindet es. Die fröhliche Atmosphäre, die beim gemeinsamen Lachen entsteht, löst uns aus den Anspannungen, die uns oft einmal innerlich gefangen nehmen, und befreit uns zu einer Atempause der Heiterkeit.

## Ein Lachen

Ein Lachen,
leise erst,
zaghaft noch,
dann immer lauter,
bis es schallend
die Wände
erzittern lässt,
befreit
Leib und Seele
und schenkt
dem Atem
frische Luft.

# Das Ziel nicht aus den Augen verlieren

Wer schon einmal eine Bergtour gemacht hat, der weiß um deren Anstrengung. Aber er kennt auch das beglückende Gefühl, wenn er endlich den Gipfel erreicht hat und mit einem wundervollen Blick über das umliegende Bergpanorama für seine Mühen belohnt wird. Manchmal entspricht unser alltägliches Leben solch einer Bergwanderung. Da gibt es bisweilen steile und weite Wege und Durststrecken. Vielleicht möchte man dann und wann auf halber Strecke umkehren, weil man mit so großen Anstrengungen nicht gerechnet hat, weil man den Spaß an der Sache verliert oder fürchtet, das Ziel nicht zu erreichen. Aber wer unterwegs gelegentlich die Zähne zusammenbeißt und nicht aufgibt, der weiß um das schwindelerregende Gefühl der Freude, wenn man dort angekommen ist, wo man hin wollte und den

Lohn der Mühe in Form seines persönlichen
Erfolgs feiern kann.


## Ziele vor Augen

Ich will nicht dauerhaft
so dahinleben,
von einem Tag zu dem anderen
und mich dann darüber beklagen,
dass mir das Dasein langweilig wird.
Ich werde mir heute
wieder ein Ziel setzen,
das ich mit all meiner Kraft
angehen und in die Tat
umsetzen will.
Dann beginnen die Energien
neu zu fließen,
und am Abend werde ich
stolz sein können auf den Schritt,
den ich vorangekommen bin.

# Ein Grundsatz gegen Langeweile

Der belgische Politiker Paul Henri Spaak hat einmal erklärt, aus welchem Grund er nie Langeweile habe. Er sagte: „Wenn mir eine Stunde sehr lang erscheint, dann sage ich mir, dass sie nie wiederkommt. Und dann erscheint sie mir plötzlich schrecklich kurz." Vielleicht hilft uns dieser Gedanke, in Zukunft Wartezeiten besser zu ertragen und ihnen irgendeine heitere Seite abgewinnen zu können. Wenn man sich die Flüchtigkeit des Lebens einmal bewusst macht, geht man achtsamer mit seiner Lebenszeit um – und sorgfältiger mit den Menschen, die einem etwas bedeuten. Dann hört man auf, das, wovon man immer schon geträumt hat und die guten Worte, die man anderen Menschen immer schon schenken wollte, auf *später* zu verschieben. Da verändern sich die Maßstäbe im Blick auf das, was man für wirklich wichtig und wesentlich hält.

## *Heute leben*

Lebe heute
und genieße,
was dir Spaß macht,
was dir Freude schenkt
und dich im tiefsten Inneren
beglückt,
denn du weißt nicht,
ob es für dich
ein Morgen
überhaupt
noch gibt.

# Lust auf Abenteuer

„Bei einer Reise in die Tropen könnte ich mich mit einer gefährlichen Krankheit infizieren." – „Bei einer Kletterpartie laufe ich Gefahr, den Fuß zu brechen." – „Beim Ritt auf einem Kamel fürchte ich, herunterzufallen." Ja, das Leben ist gefährlich. Immer und überall. Mir kann auch ein Dachziegel auf den Kopf fallen – es sei denn, ich bleibe stets daheim. Natürlich gehört immer ein Stück Verantwortungsbewusstsein dazu, was man sich und dem eigenen Körper zumuten kann. Aber riskieren wir etwas! Schlagen wir unsere überängstlichen Vorbehalte in die Flucht! Lassen wir uns mutig auf etwas Abenteuerliches ein! Das Erlebnis an sich, die Erfahrung, unsere Bedenken überwunden zu haben und die Erinnerung an das beeindruckende Ereignis schenken uns das Gefühl von Stolz und Freiheit.

## Risiko

Atme dir
Mut ins Herz,
bekämpfe
den Feigling in dir,
starte durch
und riskiere etwas.
Wage endlich
Verrücktes
und genieße
die Lust
an der Überwindung
deiner selbst.

# Musik tut gut

*Wer sich die Musik erkiest,*
*hat ein himmlisch Gut bekommen,*
*denn ihr erster Ursprung ist*
*von dem Himmel selbst gekommen,*
*weil die Engel insgemein*
*selbsten Musikanten sein.*

Diese Strophe, verfasst von Martin Luther, weist uns auf die göttliche Bedeutung von Musik hin. Musik hat eine starke Wirkung auf die Psyche und wird von daher auch in Therapien eingesetzt. Untersuchungen zufolge üben gerade barocke Kompositionen eine beruhigende, Spannung lösende und wohltuende Wirkung auf den Menschen aus.

Am besten findet jeder für sich heraus,
welche Musik ihm – je nach Situation – gut
tut. Und vielleicht lässt man sie nicht nur
nebenher im Hintergrund laufen, sondern
genießt seine Lieblingsstücke mit geschlosse-
nen Augen auf dem Sofa – oder geht ins
Konzert.

## Den Himmel schauen

Wenn man ein Musikstück
ganz besonders liebt
und es immer und immer wieder hört,
wird es einem zum Freund:
man fühlt sich darin aufgehoben
und geborgen –
ja gleichsam von tiefer Zärtlichkeit
umfangen,
die einen für Augenblicke
den Himmel schauen lässt.

# Erobere dir nach und nach die Welt

Ich suche ein bestimmtes Sachbuch und stoße dabei zufällig auf einen Gedichtband. Und ich habe gerade etwas Zeit, um darin zu stöbern. Plötzlich entdecke ich Verse, die ich zwar früher schon einmal gelesen habe, die mir aber gerade jetzt ganz neue Perspektiven erschließen. Oder ich sehe eine Fernsehsendung und bekomme dadurch mir bislang unbekannte, wichtige Informationen, die ich anschließend über andere Medien weiter verfolgen kann. Selbst während eines zunächst belanglosen Gesprächs können mir unvermittelt überraschende Impulse für die eigene Lebensgestaltung aufleuchten.

Vielleicht muss manchmal die Zeit reif dafür sein, dass wir ein Wort, einen Gedanken nicht nur mir den Ohren hören, sondern dass er unser Herz anspricht und uns in unserem Wesen ergreift.

Wer weiß, vielleicht wird auch der heutige Tag
zu einer aufregenden Abenteuerreise – hin zu
neuen Ufern unseres Selbst.


## Leben, was im Herzen brennt

Spüre das Leben,
das in deinen Adern pulsiert.
Kraft, die nicht ruhen will,
bis sie dein ganzes Wesen
ergriffen hat und durchströmt.
Lass deine Energien
dich anregen
und bewegen,
jetzt endlich auch nach außen
das zu leben, was dir
so lange schon
im Herzen brennt.

# 2

## Mit dem Herzen sehen

### Liebe hat viele Gesichter

*Das Schöne an der Freude, die man jemandem bereitet, ist, dass ihr Pendel, einmal angestoßen, noch lange zwischen beiden hin- und herschwingt.*

*Frida Ingeborg Romay*

# Anderen Menschen helfen können

Es kommt gelegentlich vor, dass wir gefragt werden, ob wir helfen können. Die kranke Nachbarin braucht ein Medikament aus der Apotheke, ein Kollege unsere fachliche Unterstützung, eine gute Freundin Zeit für ein Gespräch.

Vielleicht fehlt uns bisweilen die Lust oder auch die Zeit, solchen Bitten nachzukommen. Aber wenn wir uns nicht mit der in der Gesellschaft mittlerweile gängigen Meinung: „Was habe *ich* denn davon", herausreden, sondern nach der Devise leben: „Was haben die *anderen* davon", dann werden wir spüren, dass jede Form unserer Hilfsbereitschaft nicht nur dem anderen gut tut, sondern dass die Freude, die wir bei ihm hervorgerufen haben, auch uns selbst mit einem Gefühl von Zufriedenheit erfüllt.

## Freude schenken

An jedem Morgen überlegen, welchen
Menschen man heut mit etwas besonders
Schönem überraschen möchte: den Kranken
vielleicht mit einem Besuch, die Nachbarn mit
einem herzlichen Wort und den, den man
liebt, mit einem Strauß roter Rosen.

## Ein Mensch wie du und ich

Da war einmal ein Mensch,
um den Traurigen zu trösten
und den Einsamen zu besuchen,
um den Geknickten aufzurichten
und den Schwachen zu stärken,
um den Sehnsüchtigen zu streicheln
und den Liebenden zu umarmen;
da war einmal ein Mensch,
der Glück frei Haus
geliefert hat.

## Im Garten der Freundschaft blühen wir auf

Es sind besonders wertvolle Stunden, die wir mit Freundinnen und Freunden verbringen. Wir können uns einander anvertrauen so dass unsere Seelen zum kostbaren Gefäß für die Not und die Freude des anderen werden. Voreinander können wir die Masken und Schutzpanzer des Alltags ablegen und zeigen, wer wir in Wirklichkeit sind. Die zugelassene Nähe und die Erfahrung, verstanden und angenommen zu sein, stärken uns beide für den eigenen Weg.

# Ein Wort der Versöhnung

In allen tiefen menschlichen Beziehungen kommt es irgendwann einmal zu Missverständnissen, zu Auseinandersetzungen oder sogar zum Streit. Die Frage, wie wir damit umgehen, hängt sicher auch von dem Grad ab, in dem wir einander gekränkt und verletzt haben. Mit einem schnellen „entschuldige bitte" oder „tut mir leid" ist es eben nicht immer getan. Vielleicht brauchen wir zunächst eine Zeit heilsamen Abstands, in der wir in Ruhe über den Konflikt nachdenken können. Sicherlich wird uns dann nach und nach auch der eigene Schuldanteil an dem Streit bewusst. Wenn uns an der Beziehung wirklich etwas liegt, werden wir den auch dem anderen gegenüber eingestehen und damit ein offenes Gespräch beginnen und durchhalten können. Belohnt werden wir am Ende mit der grenzenlosen Erleichterung, uns ausgesprochen und mit dem anderen versöhnt zu haben.

## *Der Hoffnung einen Baum pflanzen*

Heute noch
dem verfeindeten Nachbarn
die Tür öffnen,
den bösen Worten von gestern
die Spitze nehmen,
freundliche Worte
in die Welt hinausschicken
und der Hoffnung
einen Baum pflanzen.

# Ein gutes Wort

Neulich stand ich im Supermarkt an der Kasse und sagte zu der Verkäuferin: „Oh, Sie habe ich aber lange nicht gesehen, waren Sie krank? Ich habe Sie schon vermisst." Der guten Frau kamen fast die Tränen, als sie murmelte: „Mich hat jemand vermisst." Als ich bezahlt hatte, dankte sie mir noch einmal.

Wie viele Menschen, dachte ich, tun Tag für Tag ihre Arbeit, haben stets zuvorkommend und freundlich zu sein – und müssen ihre Einsamkeit und Traurigkeit hinter einer lächelnden Fassade verbergen. Wie wenig gehört dazu, einem anderen Menschen mit einem guten Wort ein Stück Selbstbestätigung zu schenken und damit etwas von der Würde zu geben, die er anscheinend selbst für sich schon gar nicht mehr wahrzunehmen imstande ist. Ein gutes, ehrlich gemeintes Wort kann einen anderen Menschen aus seinen Verkrümmungen aufrichten und aufleben lassen.

*Das richtige Wort zur rechten Zeit*

Ich wünsche dir,
dass du dann und wann im Leben,
gerade, wenn die Not am größten ist,
ein Zauberwort wahrnehmen kannst:
Das richtige Wort
zur richtigen Zeit
am richtigen Ort,
das dich von deinen Sorgen befreit
und dir Zugang eröffnet
zu den unendlichen Schätzen,
die verschlossen und verborgen
in deiner Seele ruhen.

# Ein Anti-Frust-Lust-Paket

„Was haben dir denn deine Gäste gestern zum Geburtstag mitgebracht", fragte der Kollege am nächsten Morgen.

„Jeder hatte ein Päckchen dabei, hübsch eingewickelt – und an jeder Schleife hängt ein verschlossener Briefumschlag."

„Soll das heißen, dass du deine Geschenke noch gar nicht ausgewickelt hast?"

„Das ist der Sinn dieses Geschenks."

„Du redest in Rätseln."

„Es geht um Folgendes: Ich darf im Verlauf des kommenden Jahres immer dann eins der Präsente öffnen, wenn es mir nicht gut geht, wenn ich Stress habe, krank oder einfach schlecht gelaunt bin. Schon allein der Gedanke macht doch Spaß, dass ich daheim einen Vorrat an eingewickelter Freude habe, verbunden mit aufmunternden Worten meiner Freundinnen und Freunde. Jetzt kann ich mich schon fast auf den nächsten Ärger freuen."

## *Mit dem Herzen schenken*

Wenn ich einem Menschen
etwas schenken möchte,
dann will ich das nicht allein
mit dem Geldbeutel,
sondern mit dem Herzen tun.
Ich versetze mich in den anderen hinein
und frage mich, was ihm derzeit
besonders gut tun, was ihn
aufleben lassen würde.
Dann verleihe ich meiner Fantasie Flügel,
spiele mit der Vielzahl meiner Ideen,
treffe eine Entscheidung –
verwerfe sie wieder,
bis mir schließlich der richtige Einfall
vom Himmel fällt.

# Blumen regnen lassen

Über die persönlichen Beweggründe zum Feiern, wie Geburtstag, Namens- oder Hochzeitstag hinaus kennen wir allgemeine Anlässe, Menschen, die man gern hat, eine Freude zu machen, wie den Valentins- oder Muttertag. Aber warum legen wir uns auf bestimmte Daten fest, um einander ein Zeichen der Freundschaft oder der Liebe zu senden?

Wir beglückend ist es, wenn wir dann und wann, auch unabhängig von festen Gedenktagen, mit einem gutes Wort, einem Blumenstrauß oder einem hübsches Geschenk überrascht werden, das uns zeigt, dass jemand liebevoll an uns denkt. Vielleicht bekommen wir dadurch Lust, auch selbst anderen gelegentlich – aus heiterem Himmel – durch eine von Herzen kommende Aufmerksamkeit zu erfreuen.

## Rosen für dich

Rosen
möchte ich dir schenken,
einen ganzen Arm voll,
rote, gelbe, weiße
und die rosafarbenen,
mit ihrem zarten Ton.
Leuchtend –
und in ihrem Duft betörend –
mögen sie dein Herz berühren
und dir wortlos
doch beredt gestehen,
dass ich dich
von Herzen mag.

# Freude zeigen!

Es ist eigentlich eine ganz natürliche Reaktion, dass man sich freut, wenn ein lieber Mensch an einen denkt oder einem etwas Schönes schenkt. Leider gibt es Menschen, die ihre Freude dem Geber gegenüber nicht zum Ausdruck bringen können. Dann steht der Schenkende da, der sich vielleicht sehr viel Gedanken und Mühe mit seinem Brief oder seinem Präsent gemacht hat, und ist furchtbar enttäuscht, dass er keine sichtbare Reaktion auf seine guten Worte oder Gaben erhält. Wie viel beglückender ist es, wenn wir den Geber durch liebevolle Worte oder durch eine spontane Umarmung spüren lassen, wie sehr sein liebes Geschenk unser Herz berührt. Da kehrt die Freude, die wir erfahren durften, zu dem Schenkenden zurück.

*Ein Dank, der von Herzen kommt*

Über deinen lieben Gruß
habe ich mich
von ganzem Herzen gefreut.
Er kam so überraschend,
dass der ganze Tag
von Glück durchstrahlt war.
Alles, was ich zu tun hatte,
ging mir leichter als sonst
von der Hand.
Möge mein inniger Dank
Flügel bekommen,
damit er dich flugs
erreicht und berührt.

# Sich das Leben leichter machen

Manchmal wird uns in unserem Alltag einfach alles zu viel. Wir sind rund um die Uhr gefordert. Und dann kommen noch allerlei Dinge dazu, die wir zu erledigen haben, gegen die wir aber eine tiefe innere Abneigung verspüren, so dass wir sie immer wieder vor uns herschieben. Wie froh und erleichtert aber fühlen wir uns, wenn eine Kollegin, ein Freund oder der Ehepartner dann sagen: „Das nehme ich dir ab, das erledige ich für dich." Solche so genannten kleinen Hilfen im Alltag können uns eine ganz große Last wegnehmen und uns befreit aufatmen lassen: „Gott sei Dank, dass ich das jetzt nicht selbst machen muss." Das gilt natürlich auch umgekehrt: „Ich springe für dich ein, wenn dir alles zu viel wird, und arbeite das für dich ab, was dir zutiefst widerstrebt.

# Freude mit-teilen

„Geteiltes Leid ist halbes Leid, geteilte Freude ist doppelte Freude." Wenn wir etwas unglaublich Schönes erleben, das unser Herz berührt, dann drängt es uns, dieses beglückende Ereignis jemandem mitzuteilen in der Hoffnung, dass der andere unsere Freude mit uns teilt. Schnell laufen wir zu den Nachbarn oder greifen zum Telefon, um zu erzählen, was uns bewegt. Wenn wir dann erleben, wie der andere sich von Herzen mit uns freut, vertieft sich unser Hochgefühl noch um ein Vielfaches und wir werden zum glücklichsten Menschen der Welt.

Als ich einmal einen kleinen Erfolg zu feiern hatte – da stand eine Freundin sofort mit einem Blumenstrauß, eine andere mit einer Flasche Champagner vor der Tür. Der Korken knallte – und es wurde eine himmlische spontane kleine Feier zu dritt.

# Pech im Spiel ...

An einem warmen Sommerabend trafen sich einige Freundinnen und Freunde zu einem gemütlichen Essen. Nachdem sie einander von den letzten Ereignissen in ihrem Leben erzählt hatten, schlug einer vor, gemeinsam etwas zu spielen. Sie entschieden sich für ein Würfelspiel. Dabei ergab es sich, dass eine Frau ständig verlor. Anfangs konnte sie noch darüber lachen, doch im Laufe des Abends wurde ihre Stimmung immer gereizter, bis ihr schließlich die Tränen kamen. „Das ist doch nur ein Spiel", versuchten die anderen, sie zu trösten, aber ohne Erfolg. „Pech im Spiel, Glück in der Liebe", meinte eine ihrer Freundinnen schließlich. „Dann lasst mich noch einmal verlieren", erwiderte sie errötend, zugleich mit einem Lächeln im Gesicht. Aber wie das Leben so ist: Von nun an gewann sie bei jeder Runde.

## Zusammen spielen

Endlich wieder einmal
einen Abend
zusammen spielen,
kämpfen bis zuletzt,
um den Sieg zu erringen,
und die Spannung
unbeschwert auskosten.

Endlich einmal wieder
einen Abend
zusammen spielen,
sich selbst vergessen –
und die Uhr auch,
weil man ganz aufgeht
im vergnüglichen Spaß.

# Tafelfreuden

Da treffen sich ein paar gute Freundinnen
und Freunde zum Kochen. Vorher wurde das
Menü besprochen und ausgemacht, wer für
welchen Gang zuständig ist. Dann stehen alle
in der Küche und schneiden Kräuter und Ge-
müse, Zwiebeln und Knoblauch klein, braten
Fleisch an, löschen mit Cognac oder Fond ab,
kochen Soßen, kreieren Salate, schlagen
Sahne und stoßen zwischendurch mit einem
Gläschen Prosecco an. Da wird probiert, ge-
würzt, gesalzen, gepfeffert und flambiert,
noch etwas Crème fraîche dazugegeben und
ein Stück kalte Butter untergerührt. Wenn die
Speisen fertig sind, setzt man sich miteinander an den festlich gedeckten Tisch. Auf vor-
gewärmten Tellern serviert nun jeder seinen
Gang – unter der Begleitung eines passenden
Weins. Und wenn Zunge und Gaumen auf
ihre Kosten gekommen sind, ist nicht nur der
Leib, sondern auch die Seele gesättigt.

# Das Leben richtig schmecken

Jetzt will ich das Leben schmecken
und mir meine Finger lecken:
an dem Süppchen – mit viel Sahne
ich schon fast den Himmel ahne –
Gorgonzola eingerührt,
mich zum Nachschlag noch verführt.
Beim Salat mit etwas Speck
bin ich auch ganz hin und weg –
und am Dressing, diesen Hauch
frischen Knoblauchs lieb ich auch.
Bei dem wirklich gut gerat'nen
fein lasierten Schinkenbraten
mit Püree und Rosenkohl
fühle ich mich richtig wohl.
Das Dessert mit Schokoschaum
ist ein fluffig-luft'ger Traum,
und der feine Duft nach Zimt
mir schon fast den Atem nimmt.
Ein Stück Käse noch zum Schluss –
was war das für ein Genuss.

# Ein Gläschen Wein

Zu einem guten Essen gehört für die meisten Menschen auch ein Glas Wein. Der Kenner weiß genau, welcher Tropfen zu welcher Speise passt, um den Genuss einzelner Gerichte noch zu unterstreichen. Mitunter trifft man sich aber auch einmal mit Freundinnen und Freunden nur auf ein Gläschen, um gemütlich zusammen zu sitzen und zu plaudern. Wein wurde schon in der Antike genossen; im alten Griechenland verkörpert Dionysos, der Gott des Weins zugleich Freude, Fruchtbarkeit und Ekstase. Auch in der Bibel ist von Wein die Rede: In Psalm 104 wird er als Gabe Gottes verstanden, der das Herz des Menschen erfreut.

*Wie Lebenswasser ist der Wein dem Menschen, wenn er ihn mit Maß genießt. Frohsinn und Herzensfreude ist der Wein zur rechten Zeit und mit Bedacht getrunken.*
    *Jesus Sirach*

Nehmen wir uns diese Worte doch zu Herzen
und freuen wir uns auf den nächsten Abend
in einer Weinstube oder das nächste Fest-
menü im Freundeskreis. Vielleicht packen wir
als Gastgeschenk ja einen edlen Tropfen ein?!

## Heute feiern wir

Diesen Tag gilt's zu genießen
darum woll'n wir fröhlich sein:
lasst uns miteinander feiern,
kommt und trinkt noch ein Glas Wein.

Heute machen wir mal Pause,
lassen alle Arbeit ruhn;
was wir heute nicht erledigen,
können wir noch morgen tun.

# Ein Hauch von Zärtlichkeit

Es gibt kaum etwas Schöneres zu beobachten, als Menschen, die zärtlich miteinander umgehen. Da geht ein altes Ehepaar Hand in Hand zusammen einkaufen, und wenn sie einander ansehen, spürt man darin ein tiefes, warmherziges, in vielen Jahren gewachsenes Verstehen. Völlig anders sieht demgegenüber die ungestüme Begrüßung eines jungen Pärchens aus, das noch voller leidenschaftlicher Erwartung auf die Erfüllung ihrer gerade erst begonnenen Liebe bebt. Wieder anders gestaltet sich die herzliche Umarmung von Freunden, der man abspürt, wie vertraut sie miteinander sind. Vielleicht sollten wir uns von solchen Szenen dazu bewegen lassen, auch selbst wieder einmal einem anderen lieben Menschen tröstend über das Haar zu streichen oder ganz fest zu drücken.

*Das Feuer der Liebe*

Das Feuer der Liebe
und die Glut
der Leidenschaft,
die in dir brennen,
nicht verbergen,
sondern dich
hinreißen lassen
vom Rausch
der Begeisterung
und dem Überschwang
der Gefühle.
Nur Liebe
und Leidenschaft
entfesseln dich
aus dem Gefängnis
der Einsamkeit,
treiben dich hin
zur Begegnung
   zum Du –

# Nur kein Neid

Zufällig trafen sich zwei frühere Klassen-
kameraden, die sich nie besonders gut hatten
leiden können, in einer Gastwirtschaft und
kamen miteinander darüber ins Gespräch,
was aus ihnen geworden war. „Ich habe ein
paar Bilder dabei", meinte der erste und zog
aus seiner Brieftasche drei Fotos. „Mein Haus,
mein Pferd, meine Jacht." Insgeheim hoffte er,
der andere würde grün vor Neid. Aber dem
war nicht so. „Ich habe auch Bilder dabei",
antwortete dieser: „Meine Frau, unsere drei
gesunden Kinder, der gemeinsame Freundeskreis."

*Frei sein*

Wohl dem,
der zufrieden ist
mit dem, was er hat
und was ihm bisher
im Laufe des Leben
gelungen ist.
Er ruht in sich selbst
und strahlt das auch
nach außen hin aus.
Er kann dem anderen gönnen,
was er hat,
ohne dass sein Herz
von Neid und Missgunst
heimgesucht wird.
Er ist frei.

# Es muss nicht immer Kaviar sein

Ein Fest bedeutet immer einen Höhepunkt im Leben. Feste heben uns aus dem Alltäglichen heraus, sie sind etwas Besonderes. Die Vorbereitung beginnt mit der Frage, wen wir einladen, was wir für die Bewirtung planen, welchen Tischschmuck wir auswählen und welche Ideen wir für die Unterhaltung entwickeln. Entscheidend für das Gelingen eines Festes ist nicht die Höhe der finanziellen Ausgaben. Es muss, um einem Romantitel von Johannes Mario Simmel zu folgen, nicht immer Kaviar sein. Wesentlich ist, dass die Festgesellschaft zur Gemeinschaft wird. Und das kann sie nur durch das Gespräch und durch miteinander erlebte Freude. Zusammen zu singen, zu spielen, zu lachen, fröhlich und ausgelassen zu sein verbindet: hier, im Kreis dieser Menschen fühle ich mich im Augenblick wohl und gut aufgehoben.

## Heimat haben

Heimat haben dort,
wo sich von Kindheit an
das Leben eingewurzelt hat,
verwachsen mit der Familie
und Freunden –
oder sich da zu Hause
und geborgen wissen,
wo Menschen sind,
die einen lieb haben,
so wie man ist –
wo immer auf der Welt
das auch sein mag.


## Ein Zuhause haben

Es ist ein großes Glück,
dass wir nicht irgendwo hausen müssen,
sondern immer um ein Zuhause wissen.

# Nach außen hin offen sein

Niemand von uns kann sich ein Haus ohne eine Tür vorstellen. Da kämen wir uns vor wie bei den Schildbürgern. Natürlich brauchen wir die Möglichkeit, in unser Haus hinein-, aber eben auch wieder herauszugehen. Mit unserem Lebenshaus ist es ebenso. Wir brauchen Zeiten, in denen wir uns von der Welt zurückziehen und ganz auf uns selbst besinnen können. Aber dann brauchen wir auch wieder die Tür, die uns nach draußen entlässt und uns erneut die Möglichkeit eröffnet, unseren Blickwinkel zu weiten. Je mehr Gelegenheit wir uns schenken, „draußen" auch Lebensweise und Probleme anderer Menschen mit in unser Blickfeld zu nehmen, um so weiter wird unser Horizont und umso tiefer die Güte unseres Herzens, ohne die ein glückliches Leben nicht vorstellbar ist.

## Lebenshaus

Bau dir ein Haus
mit dem Himmel
als Dach,
mit Wänden
aus Liebe,
mit Räumen
voll grünender
Hoffnung
und einem
Fundament
aus Vertrauen.

# 3

## *Jeder Tag ist ein Geschenk*

### *Das Leben genießen*

*Freude ist kein Jagen und Hetzen, nicht einmal ein Begehren und Wollen. Freude ist ein Ausruhen, ein Geborgensein, ist ein Finden und im Finden glücklich sein.*
  *Artur Brausewetter*

## Auszeit

Manchmal sind wir einfach nur müde und abgeschlagen. Da muss gar nichts besonders Schlimmes oder Anstrengendes passiert sein, allein die alltäglichen Belastungen können mitunter zu dem Gefühl führen, dass man nicht mehr weiß, woher man die notwendigen Energien für den nächsten Tag nehmen soll. Vielleicht tut es dann gut, sich einmal rundum verwöhnen zu lassen oder sich selbst zu verwöhnen. Das kann ein Besuch beim Friseur sein oder im Kosmetikinstitut, eine Stunde im Fitnessstudio oder in der Sauna.

Vielleicht hat man auch Lust, mit einigen netten Leuten einen Kaffee zu trinken oder etwas zusammen essen zu gehen. Bisweilen können solche kleinen „Auszeiten" einem viel Spaß bereiten und wenigstens für kurze Zeit auch das Herz mit Freude erfüllen.

## *Sich selbst leicht nehmen*

Nicht immer nur nach den
Spielregeln der Uhr
und der Unbarmherzigkeit
des Terminkalenders
funktionieren,
sondern der Freude mehr
Freiräume schaffen,
dann und wann Unfug treiben,
sich selbst leicht nehmen
und dem Ernst des Lebens,
sofern es ihn überhaupt gibt,
auf Dauer
die Macht entreißen.

# In Lieblingsbeschäftigungen versinken

Wohl dem, der einen Teil seiner Freizeit mit einem Hobby verbringen kann. Manche Hobbys verbinden uns mit anderen Menschen, zum Beispiel Sport in einem Verein oder Gesang in einem Chor. Da pflegen wir, neben unserer Lieblingsbeschäftigung, zugleich auch Geselligkeit und freuen uns vielleicht auf das nächste Spiel gegen eine spannende Mannschaft oder auf das in Aussicht stehende Konzert. Andere Dinge tun wir lieber allein: zum Beispiel basteln, malen, stricken oder Briefmarken sortieren. Bei solchem Zeitvertreib können wir Raum und Zeit um uns herum vergessen und ganz in uns selbst versinken. Dieser Zustand ist dem einer Meditation vergleichbar. Während wir *ganz bei der Sache* sind, sind wir auch *ganz bei uns selbst*. Wir kommen innerlich zur Ruhe und fühlen uns später entspannt und erfrischt.

# In sich selbst hineinschauen

Manchmal nur da sitzen und beschaulich werden. Erst nach außen schauen – und dann mehr und mehr nach innen. Wer bin ich? Was weiß ich über mich? Ich weiß, dass ich geboren wurde und eines Tages sterben werde. Dazwischen ist *Jetzt*. Mein *Jetzt* hat eine Vergangenheit, die mich hat wachsen lassen, die mich beeinflusst hat durch eine Vielzahl der unterschiedlichsten Erfahrungen. Durch diese persönliche Prägung ist die Art und Weise mitbestimmt, wie ich meine Mitmenschen, all das, was um mich herum geschieht, wahrnehme und wie ich damit umgehe. Sie wirkt zugleich auch auf die Gestaltung meiner Zukunft ein. Von welchen dunklen Schatten möchte ich mich endgültig befreien, welche beglückenden Ereignisse möchte ich mir bewusst machen, damit ich sie bewahren und daraus die Beziehung zu mir selbst und zu anderen in sinnvoller Weise gestalten kann?

# Sich etwas schenken

Wir kennen die Redensart: „Das kann ich mir schenken", die meint: Darauf kann ich nun wirklich verzichten. Es tut ja manchmal auch gut, bei all den vielfältigen Anforderungen, die schon allein der Alltag an uns stellt, gelegentlich einen Termin zu streichen. Das Gleiche gilt natürlich auch für die Überfülle der Freizeitangebote. Auch da kann man einmal etwas auslassen von dem, was man sich vorgenommen hatte. Vielleicht kommt man dadurch ja bisweilen dazu, sich auf ganz andere Art und Weise einmal einen Tag zu schenken. Indem man sich nämlich regelmäßig einen Tag freihält von Ablenkungen aller Art, um sich Muße zu gönnen und Stille, und um Freude darin erfahren zu dürfen, dass man einmal wieder ganz bei sich selbst sein kann.

## *Die Füße hochlegen*

Für heute
hast du wirklich
genug getan.
Lege die Arbeit
mit gutem Gewissen
aus der Hand
und die Füße hoch.
Schenk' dir Ruhe
und gönne dir noch etwas,
das dir gut tut.
Das Leben besteht
schließlich nicht nur
in der Erfüllung
von Pflichten,
sondern auch aus
erholsamen und
entspannenden
Stunden.

# Sich entspannen können

Es gibt Menschen, die das ganze Jahr über ihrem Urlaub entgegenfiebern. Kaum aber hat die sehnsüchtig erwartete freie Zeit begonnen, so verfallen sie in Depressionen, weil ihnen der tägliche Arbeitsrhythmus fehlt und sie dadurch das Gefühl bekommen, nicht mehr gehalten zu sein. Zu helfen scheint dann nur eine neu entwickelte Betriebsamkeit. So werden die Ferientage mit einem ausgeklügelten Freizeitprogramm gefüllt, das die Betreffenden unablässig in Atem hält, bis der Alltag wieder beginnt. Vielleicht wäre es besser, solche auch unter dem Namen „Wochenenddepressionen" auftretenden Symptome so lange auszuhalten, bis die Seele wirklich zur Ruhe kommt und man entspannt und gelöst in den Tag sinken darf wie in einen gepolsterten Liegestuhl am warmen Sandstrand.

## Freizeit für Leib und Seele

Nicht jeder Tag
muss einen ausgefüllten
Stundenplan haben,
rastloses Treiben
vom frühen Morgen
bis spät in die Nacht.

Trage dir Pausen ein,
Zeiten, in denen du
die Arbeit zu Bett schickst
und dir selbst ebenfalls
ein Nickerchen gönnst –
und halte dich dann
auch daran!

# Die Schildkröte und die Eintagsfliege

„Kannst du nicht aufpassen", murrte die dicke alte Schildkröte, als sie das Kitzeln einer Fliege an ihrer Zunge spürte. „Ich habe gerade tief und fest geschlafen.

„Ich begreife nicht, wie man sein ganzes Leben verschlafen kann", summte die Fliege.

„Was soll das heißen", brummte die Schildkröte. „Ich habe jetzt gerade einmal vierundzwanzig Stunden lang geruht, was ist das schon bei den dreihundert Jahren, die ich auf dem Panzer habe?"

„Mein ganzes Leben besteht nur aus so vielen Stunden, wie du jetzt gerade verschlafen hast", erwiderte die Eintagsfliege.

„Du Ärmste", brummte die Schildkröte.

„Du brauchst mich nicht zu bedauern", erwiderte die Fliege. „Im Gegensatz zu dir verstehe ich nämlich, jeden Augenblick dieses einen Tages zu genießen und für mich zu nutzen."

Sprach's und erhob sich leicht mit ihren
Flügeln in die Richtung eines saftigen
Marmeladenbrotes.


## Carpe Diem

Jedem Tag
seine Zeit lassen.
Das tun, was gerade jetzt
von einem erwartet wird;
bleiben bei dem, was ist –
und nicht bereits heute
im Morgen oder im
Übermorgen verweilen wollen.
Das Leben vergeht
ohnehin schon
schnell genug.

# Sich selbst entdecken

Wir kennen Worte wie „Lebe im heute und jetzt", aber wir beherzigen sie nicht. Wir sind immer auf der Jagd nach neuen *Events,* wie es heute heißt, und damit wohl auch auf der Flucht vor uns selbst. Haben wir Angst, etwas zu verpassen? Fürchten wir, in Gesprächen mit unseren Arbeitskolleginnen und -kollegen nicht mithalten zu können über die Unternehmungen vom letzten Wochenende oder den vergangenen Urlaub? Müssen wir uns immer mit anderen messen? Oder fürchten wir uns vor uns selbst? Dass sich da, wo wir unsere eigene Tiefe zu ergründen suchen, plötzlich ein Loch innerer Leere auftut? Vielleicht erleben wir aber auch das Gegenteil: Dass wir in uns auf eine Fülle wunderschöner Begabungen und Möglichkeiten stoßen, die bisher noch gar nicht ans Licht unseres Bewusstseins gedrungen sind?

# Träumen

Was gibt es Schöneres, als auf dem Sofa zu liegen und vor sich hin zu träumen. Da wandern die Gedanken zu dem Schmuckgeschäft, in dem man eine wunderschöne goldene Uhr im Schaufenster gesehen hat. Die Bilder des Reisekatalogs führen das innere Auge zu einer Insel mit hellem Sandstrand unter Palmen und Hotels mit Poolbars, zu Löwen, Giraffen und Nashörnern auf einer Kenia-Safari, zu einem farbenfrohen marokkanischen Markt.

Leider erwacht man aus solchen Träumen irgendwann … Aber vielleicht lässt sich aus der Traumwelt etwas in die Wirklichkeit herüberretten. Wie wäre es mit einem neuen Armband für die Uhr, einer Reise an die Nordsee oder in die Alpen, einem Liegestuhl für den Balkon und einer anderen Tapete?

# Drei Wünsche

Stellen Sie sich einmal vor, eine gute Fee würde eines Abends in ihr Zimmer treten und zu Ihnen sagen: „Du hast drei Wünsche frei." Würden Sie sofort mit Ihren Wünschen herausprudeln, oder würden Sie sagen: „Liebe Fee, da muss ich erst einmal drüber schlafen, und mich mit meinen Freundinnen und Freunden beraten, weil ich mit den Wünschen nicht unbedacht umgehen möchte. Komm doch bitte morgen Abend wieder!" Nehmen wir an, die Fee hat Erbarmen mit Ihnen und lässt Ihnen vierundzwanzig Stunden Bedenkzeit. Aber dann müssen Sie diese Gelegenheit beim Schopfe packen. Was wünschen Sie sich? Gesundheit, eine Villa im Grünen, einen Sportwagen, Ruhm und Reichtum ohne Ende – oder auch Glück und Wohlergehen für die Menschen, die Sie liebhaben und Frieden und Gerechtigkeit auf der Welt, damit alle Menschen satt werden und in Freiheit leben können?

## Das eigene Leben leben

Seine Arbeit mit Freude tun
ohne sie zum einzigen Lebensinhalt werden
und sich von ihr aufzehren zu lassen.
Sich immer wieder auf die Suche
nach den verborgenen Begabungen begeben
und ihnen auf schöpferische Weise
Gestalt verleihen.
Sich nicht immer und überall anpassen,
um dem Streit aus dem Weg zu gehen,
sondern sich der Auseinandersetzung stellen
und aus ihr etwas lernen.
Einen eigenen Standpunkt vertreten
ohne rechthaberisch zu werden,
und dabei auch in Kauf nehmen,
sich unbeliebt zu machen.
Gelegentlich ausbrechen
aus dem gewohnten Trott
und etwas Abenteuerliches wagen,
damit man am Ende sagen kann:
Ich habe *mein Leben* gelebt.

# Fern-Sehen

Als ich neulich in der Apotheke anstand, wurde eine alte Dame vor mir gefragt, ob man ihr das Medikament nachmittags nach Hause bringen könne. Sie antwortete: „Ab 16 Uhr bin ich immer daheim, da sehe ich fern. Was würde man bloß ohne Fernseher machen?" Für kranke oder alte Menschen, die keine Angehörigen haben, die sich regelmäßig um sie kümmern, ist das Fernsehen sicher eine willkommene Ablenkung gegen die Einsamkeit – und eine Möglichkeit, den Tag zu strukturieren. Aber es sitzen ja nicht nur alte und kranke Menschen vor dem Fernseher, sondern auch viele Jugendliche und Erwachsene, die ihre Zeit ganz anders füllen könnten. In manchen Familien wird das Abendessen vor dem Fernseher eingenommen. Ich habe dazu einmal eine kleine Rechenübung aufgestellt:

Gehen wir davon aus, dass Sie im Säuglingsalter weniger fernsehen, dafür im Alter einige Stunden mehr. Der Tag hat 24 Stunden, von denen Sie vermutlich acht Stunden schlafen. Bleiben 16 Stunden Wachzustand. Wenn Sie in dieser Zeit täglich vier Stunden fernsehen, ist das ein Viertel Ihrer aktiven Tageszeit. Nehmen wir an, Sie werden 80 Jahre alt. Dann haben Sie ein Viertel Ihres Lebens, in dem sie nicht schlafen, also 20 Jahre vor dem Fernseher verbracht. Ob sich das wirklich lohnt?

Vielleicht gäbe es dazu eine Alternative. Sie richten es sich so ein, dass Sie gelegentlich auf einen Berg oder Turm steigen, um dann von oben auf die Landschaft oder die Stadt hinunter zu schauen. Welcher Ausblick fasziniert am meisten, was spielt sich dort unten gerade ab, in welcher Beziehung sieht man sich selbst zu dem, was man momentan betrachtet? Das ist höchst spannendes Fernsehen auf eine ganz persönliche und von jeglichem Sender unabhängige Art.

# Mein persönliches Rezept

Vieles haben wir in der letzten Zeit leisten müssen. Bisweilen ging die Arbeit bis an die Grenze unserer Kräfte und wir hatten das Gefühl, dass wir uns bis zuletzt verausgabt haben. Deshalb ist jetzt die Zeit gekommen, in der wir wieder etwas „einnehmen" müssen. Wir verwenden diesen Ausdruck im Allgemeinen dann, wenn wir krank sind und uns eine Medizin verschrieben worden ist, die wir in Form von Tabletten oder Tropfen zu schlucken haben. Das, was wir jetzt, in der Zeit unserer Erschöpfung benötigen, ist auch ein Heilmittel, etwas, das uns stärkt, um wieder zu Kräften zu kommen. Wir selbst können darüber am besten entscheiden: brauchen wir viel frische Luft, eine Portion Abwechslung, ausgedehnten Schlaf, unser Lieblingsgericht, einen Wellness-Tag, einen Liebesfilm oder einen Zirkusbesuch? Oder ist das nur eine Frage der Reihenfolge?

# Der Wettlauf

Eine Maus und eine Schnecke verabredeten sich zu einem Wettlauf. Natürlich war die Maus schon lange vor der Schnecke am Ziel.

„Nun, es wird wohl Abend werden, bis du auch hier ankommst", spottete die Maus.

„Lach du nur", erwiderte die Schnecke. „Du hattest, als du gelaufen bist, nur blind dein Ziel vor Augen. Ich hingegen freue mich an den Gänseblümchen, dem Mohn, den Bienen und den Schmetterlingen und dem Kitzeln des Grases unter meinen Sohlen. Nun sag, was hast du unterwegs erlebt?"

# Kleine Katastrophen

Da ist man auf einer Bergtour und hat die dunklen Wolken zu spät kommen sehen oder die Wetterlage falsch eingeschätzt. Plötzlich entlädt sich das Gewitter in unnachgiebiger Intensität. Hastig tritt man den Rückzug an, aber der verhindert nicht, dass man von oben bis unten nass wird. Irgendwann erreicht man mit seinen durchweichten Kleidern und Schuhen eine geheizte Hütte. Man kann wenigstens einen Teil der durchnässten Bekleidung auf die Heizung legen und sich eine heiße Suppe und einen Tee bestellen. Am Abend steht einem eine warme Dusche zur Verfügung und mit trockener Kleidung darf man zu Abend essen. Was bleibt, ist vielleicht ein Schnupfen. Wie mag es Menschen ergehen, die Überschwemmungen erleben? Denen das Hochwasser alles genommen hat? Denken wir manchmal daran, wie gut es uns dagegen mit unseren kleinen Katastrophen geht?

## Heute bin ich froh

Heute bin ich froh,
dass ich kein Vogel bin,
kein durchnässtes Nest
in den Zweigen habe,
und nicht auf die nächsten Sonnenstrahlen
warten muss,
bis mein feuchtes Federkleid trocknen kann,
sondern dass ich zuschauen darf,
wie das Holz im Kamin knistert,
bevor ich mich in mein
warmes Bett lege.

# Dankbar sein

Jede Woche einkaufen gehen müssen, an der Kasse im Supermarkt anstehen, die schweren Taschen vom Markt nach Hause tragen, alles im Kühlschrank verstauen und dann noch Essen kochen. Manchmal denken wir vielleicht so. Andererseits: Was für eine Gnade ist es, in unseren Breiten der Erde zu leben und jeden Tag unter zahllosen Lebensmitteln wählen zu können. Selbst bei einem geringen Budget reicht es immer noch, täglich satt zu werden. Wie leben Millionen von Menschen in armen Ländern? Viele suchen sich mehr oder weniger verdorbene Lebensmittelreste auf den Müllkippen oder sie hungern. Leiden darunter, dass sie auch ihren Kindern nichts zu essen geben können. Angesichts dieser Tatsachen können wir nur dankbar sein, dass uns tagtäglich eine ungeheure Auswahl an Lebensmitteln zur Verfügung steht.

## Ein Herz voller Dankbarkeit

Nicht alles Gute im Leben
gerade so hinnehmen,
als sei es das Selbstverständlichste
von der Welt,
sondern der Besonderheit
eines an Leib und Seele gesättigten
und zufriedenen Lebens
immer wieder ein Herz
voller Dankbarkeit schenken.

# Auch das Vergnügen hat sein Recht

Einmal erzählte eine junge Frau, dass sie mit dem Grundsatz groß geworden sei: „Erst die Arbeit, dann das Vergnügen." Sie hatte sich dementsprechend in ihrem Leben eingerichtet: Stets stand die Pflichterfüllung an erster Stelle. Das Problem war nur, dass sich, kaum hatte sie eine Arbeit beendet, eine neue Aufgabe vor ihr ausbreitete. So konnte man wohl ihre Gewissenhaftigkeit rühmen, doch die lustvolle Freude am Vergnügen fand keinen Raum in ihrem Leben. Bis sie eines Tages lachend erzählte: „Gestern habe ich meiner Erziehung ein Schnippchen geschlagen: Ich habe den ganzen Nachmittag über ein Puzzle gelegt. Das hat mir unheimlich viel Spaß gemacht. Und siehe da: Die notwendigen Arbeiten habe ich am Abend dann auch noch schnell und gut erledigen können."

## Loslassen lernen

Sich mehr und mehr
in Gelassenheit üben:
die Zwänge loslassen,
die einen von Kindheit an einengen
und der Lebenslust
immer und immer wieder
den Atem abschnüren.

Sich mehr herausnehmen
an Spaß und Vergnügen,
an Wonne und Wohlgefühl.
Die gute Laune, mit der einen
die neue Freiheit beschenkt,
stärkt für die Aufgaben
am kommenden Tag.

# Fürs Auge

Es ist uns zur Gewohnheit geworden, unsere Mahlzeiten im Stehen oder irgendwie zwischendurch einzunehmen. *Fastfood* in einer Imbisskette ist angesagt. Schließlich sind wir vielbeschäftigte Menschen und müssen sehen, wie wir mit der uns zur Verfügung stehenden Zeit umgehen. Ob wir uns dabei wohlfühlen, spielt schon lange keine Rolle mehr. Es wäre einen Versuch wert, uns trotz aller Beanspruchung oder terminlichen Verplanung feste Zeiten vorzunehmen, in denen wir es uns für uns selbst schön machen. Wir könnten, wenigstens einmal in der Woche, ein besonderes Ambiente für unsere Mahlzeiten schaffen: ein schönes Essen in Ruhe vorbereiten, den Tisch hübsch decken, dazu Kerzen anzünden und eine angenehme Musik auflegen. Vielleicht macht es sogar Freude, an solch einem Abend liebe Menschen dazu einzuladen.

## Nischen der Gemütlichkeit

Nicht immer nur
nach dem leben,
was man meint,
heute tun und morgen
leisten zu müssen,
sondern in sich selbst
Nischen der Gemütlichkeit
einrichten, in die sich die Seele
bisweilen zurückziehen kann;
sich seine Umgebung
schön gestalten
und seinen Gedanken
und Träumen
zärtlich begegnen.

# 4

## Die Mitte der Nacht ist der Anfang des Tages

### Von der Dunkelheit zum Licht

Vergiss es nicht: An die Linie des Schattens grenzt das Licht.

*Inschrift auf einer Sonnenuhr*

## Klagen dürfen

Wenn wir einen großen Schmerz zu verkraften haben, tut es gut, wenn ein Mensch für uns da ist und uns beisteht. Wir brauchen dann keine Sprüche, wie „Kopf hoch", „das wird schon wieder", denn sie sind lediglich Vertröstungen, mit denen wir in unserer Trauer nichts anfangen können. Im Augenblick wird eben gar nichts wieder. Im Augenblick ist alles nur schlimm und tut weh. Das einzige, was uns hilft, ist die stille, vertraute Nähe eines lieben Menschen, die uns Gelegenheit schenkt zu weinen und uns auszusprechen. Vielleicht müssen wir die Geschichte unseres Leids immer und immer wieder erzählen, damit wir Bruchstücke davon loswerden können. Es ist den Klagepsalmen vergleichbar: wenn die Beter ihren Kummer in langen Passagen vor Gott gebracht haben, leuchtet am Ende das Vertrauen in seine Gnade und seinen Trost auf. Die Hoffnung hat den Schmerz überwunden.

## Zeit für dich

Heute nehme ich mir Zeit für dich:
Ich entfliehe meinen eigenen Ausreden
und stelle mich innerlich ganz auf dich ein.
Du bist mir wichtig in allem,
was du mir zu sagen wagst,
und in dem, was ich von dir
in deinem Schweigen erahne.
Heute schenke ich mich dir
in all meiner Aufmerksamkeit,
meiner Liebe und meinem Mitgefühl.
Heute bin ich einfach nur
für dich da.

# Jede Nacht geht einmal vorüber

Tiefe Enttäuschungen können uns müde machen und unsere Tatkraft lähmen. Wir fragen uns vielleicht sogar nach dem Sinn unserer Existenz. Wozu haben wir uns so abgemüht, so viel Zeit, Energie und Fantasie investiert, wenn all unsere Anstrengungen am Ende doch vergeblich gewesen sind? Vielleicht gehen uns in der Nacht sogar lebensmüde Gedanken durch den Kopf. Lohnt es sich überhaupt, noch einmal neu anzufangen. Reichen die Kräfte? Wollen wir das überhaupt? Können wir noch einmal auf die Füße kommen und einen neuen Weg finden und ihn dann auch gehen? Ein bekanntes Wort lautet: „Die Mitte der Nacht ist der Anfang des Tages". Die dunklen Stunden vergehen und es wird wieder hell, auch wenn man es im Augenblick nicht zu glauben wagt. Denn das Leben ist zu einmalig, um es wegzuwerfen. Es ist es wert, geduldig auf den Anbruch des neuen Morgens zu warten.

## *Zuversicht ist lebbar*

Manchmal weißt du
weder aus noch ein
und denkst darüber nach,
ob es nicht besser wäre,
deinem Leben
ein Ende zu machen.
Doch ist die Nacht des Todes
noch nicht bereit,
dich zu empfangen,
es träumen deiner Seele
neue Hoffnungsbilder,
die dich schon bald
mit ihrem lichten Glanz
durchdringen wollen
und Zuversicht neu
lebbar machen.

# Mit Enttäuschungen umgehen

Über einen langen Zeitraum haben wir mit großem Eifer, mit viel Kraft und Energie, zugleich auch mit einem hohen Maß an Freude und Fantasie gearbeitet. So mancher Abend sowie etliche Wochenenden fielen unserem Engagement zum Opfer. Doch die Anerkennung unserer Arbeit und damit zugleich auch die Würdigung unserer Person blieben aus. Das tut weh. Vor allem, weil man sich immer im Schatten anderer sieht, die vielleicht sogar weniger geleistet haben als man selbst. Vielleicht hilft da nur ein radikaler Schritt: Den Arbeitsplatz zu wechseln oder sich nebenher eine Tätigkeit zu erschließen, die einen zutiefst befriedigt und bei der man auch Erfolgserlebnisse hat. Dadurch stärken sich wieder Selbstvertrauen und Lebensfreude.

## *Öffne dich der Freude*

Seit langem verlierst du dich
in deinen Gedanken an gestern
und trauerst dem verlorenen Glück
sehnsuchtsvoll nach.
Ich möchte dir Mut machen,
dich auf die schönen Augenblicke
der Gegenwart einzulassen
und dich den Freuden zu öffnen,
mit denen dich die Zukunft
– vielleicht schon morgen –
überraschen will.

# Sorge dich nicht, lebe!

Manchmal machen wir uns das Leben selbst schwer. In dunklen Stunden liegen wir wach und malen uns aus, was alles an Schrecklichem passieren könnte. Die Eltern könnten pflegebedürftig werden, und wir rechnen nach, ob wir ihnen einen Platz in einem erstklassigen Heim bezahlen könnten. Die Kinder bestehen vielleicht nicht ihre Prüfungen und bekommen keinen Arbeitsplatz. Wir fühlen uns gelegentlich unwohl und fürchten, schwer krank zu werden. Was uns in Wirklichkeit krank macht, sind die zumeist unbegründeten Sorgen, mit denen wir uns herumquälen. Ein Perspektivwechsel kann da heilsam sein. Wir sind froh, dass die Eltern noch rüstig sind, wir vertrauen darauf, dass die Kinder ihren Weg machen und wir genießen das, was uns der heutige Tag an sonnigen Augenblicken und schönen Eindrücken schenkt.

## Ankommen

Nicht ein Leben lang
Nachtfahrt,
flüchtig nur
und vorübergehend
in der Behausung.

Sehnsucht
nach Heimat
und endlich
eines morgens
ankommen dürfen
und bleiben.

# Sich mit der Kindheit aussöhnen

Wenn wir als Erwachsene auf unser Leben zurückblicken, werden wir natürlich auch an Verletzungen in unserer Kindheit erinnert. Da sind Geschwister bevorzugt worden, man hat zu Unrecht Strafen bekommen oder ist in seiner kleinen Persönlichkeit nicht genügend beachtet und wahrgenommen worden.

Die Palette ist da vielschichtig und bei jedem natürlich anders. Es gibt Wunden, die so schwer wiegen, dass wir ein Leben lang darunter leiden. So manches Mal werden wir zornig auf die Eltern.

Wie konnten sie uns das antun? Vielleicht hilft es uns, einmal danach zu fragen, warum die Eltern sich so verhalten haben, in welcher Weise auch sie selbst in ihrer Kindheit verletzt worden sind. Wenn sie noch leben, kann man den Dialog suchen.

Ansonsten bleibt einem nur das Selbst-
gespräch, in dem man eines Tages erkennen
kann, dass es wohl auch erlittene Kränkungen
waren, die dazu beigetragen haben, den
eigenen Weg zu finden.


Wut ist eine vitale Kraft,
die zum Leben dazugehört
wie Freude und Liebe
oder auch Hass.
Man braucht sich ihrer
nicht zu schämen.
Das, was einen erzürnt,
treibt einen ja oft
in die Auseinandersetzung
mit sich selbst,
lässt einen nach den eigenen
Verdrängungen fragen
oder weist einen durch das,
wovon man sich abgrenzen will,
auf den eigenen Weg.

# Aufbrechen

Es ist bitter, wenn uns im Laufe des Lebens eine so tiefe Verletzung zugefügt wurde, dass wir nachhaltig darunter leiden. Immer wieder tauchen die Bilder dieses Traumas auf, auch in unseren Träumen. Da ist die Gefahr groß, dass wir in Selbstmitleid versinken, weil wir glauben, dass keinem anderen Menschen jemals so etwas Schreckliches widerfahren ist wie uns.

Alles Denken kreist nur noch um uns selbst – und auch die Gespräche mit anderen sind von unserem Leiden bestimmt. Der Weg aus dieser Spirale des Selbstmitleids ist nicht leicht. Vielleicht nehmen wir eine Trauma-Therapie in Anspruch oder finden eine andere psychotherapeutische Wegbegleitung.

Damit der Schmerz abklingen kann und wir uns darüber bewusst werden, wie viele beglückende Erfahrungen wir bisher auch machen durften.

Dadurch verschieben sich die Maßstäbe
unserer Selbstwahrnehmung, so dass wir
nach und nach wieder Freundliches und
Frohes in unserem Leben entdecken.

## *Zeichen der Hoffnung*

Nichts
geht verloren
in der unendlich ewigen Zeit.
Auch die zaghaftesten Zeichen der Hoffnung,
hineingeliebt in eine undurchsichtige,
oft befremdlich wirkende Welt,
werden bleiben –
für immer.

# Am Ende des Tunnels

Es tut weh, wenn wir einen Menschen verloren haben, der uns viel bedeutet hat. Den wir lieb hatten. Wir sind fassungslos und können diesen Verlust für lange Zeit gar nicht begreifen. Unser Leben ist ärmer geworden, weil durch seinen Tod auch ein Stück von uns selbst gestorben ist. Wir hatten ja eine gemeinsame Geschichte. Die ist jetzt abgebrochen und kann nirgendwo sonst weiter gelebt werden. Das schmerzt, macht uns manchmal aber auch wütend. Wie konnte uns der geliebte Mensch einfach verlassen? Wir hätten ihn doch noch so sehr gebraucht. Immer wieder gehen unsere Gedanken zurück zu den vielen glücklichen Stunden, die wir miteinander verbracht haben. Wir können noch lange nicht zur Tagesordnung übergehen. Trauer braucht Zeit. Viel Zeit.

Aber wir dürfen darauf hoffen, dass der
Tunnel ein Ende hat, dass wir wieder ins
Leben zurückfinden. Und ganz sicher hätte
der Verstorbene das auch gewollt.

Es kommt der Tag,
an dem du wieder Ja sagen kannst
zu deinem Leben,
an dem du eine Rose wahrnimmst
und ihren Duft einatmen magst.

Es kommt der Tag,
an dem du wieder zulassen kannst,
dass die Sonne scheint,
dass sie deine Haut wärmt
und der Himmel hell über dir ist.

Es kommt der Tag,
an dem du wieder lächeln kannst,
weil dir Hoffnung grünt
und die Zukunft dir
verheißungsvolle Wege bahnt.

# Öffnung

Lange haben wir vom großen Glück geträumt.
Wir haben einen Menschen geliebt und uns
eine gemeinsame Zukunft mit ihm erträumt –
er aber hat sich anders entschieden. Die
Gedanken gehen zurück zu den zahllosen
Stunden vertrauter Nähe, zu den fröhlichen
Spaziergängen, dem Spaß miteinander, den
Zärtlichkeiten und Liebesschwüren. Hundert
Mal lesen wir die Briefe, die wir, mit einem
roten Band gebündelt, verwahrt haben, wen-
den seine Geschenke in unserer Hand, wieder
und wieder. War das alles nur Lüge? Wer fängt
uns auf in der Verzweiflung, wer trocknet die
Tränen und hilft uns, das Vergangene zu verstehen und zu bewältigen? Kann der Schmerz
einen Sinn haben? Es wird – wie bei jeder
Abschiedsbewältigung – viel Zeit brauchen,
bis wir uns dem Leben, der Liebe wieder neu
öffnen können.

## Glück hinter dem Tor

Abschied nehmen von dem,
was nicht hat sein können,
von unerfüllbaren Träumen
und einer verlorenen Liebe.

Das Herz frei machen
für das Glück hinter dem Tor,
das im Verborgenen schon
auf Einlass wartet –

und die letzte Rose im Garten
liebkosen.

# Gott schreibt auch auf krummen Wegen gerade

In der Jugend machen wir Pläne für unser Leben: Schulabschluss, Berufsausbildung, Heirat, ein Haus bauen und eine Familie gründen. Aber nur wenige können diese Vorstellungen auch verwirklichen. Da fällt man durch die Prüfung, findet nicht den richtigen Lebenspartner oder wird arbeitslos. Zwischendurch meldet sich ein Kind an. Das bedeutet, die ursprünglichen Planungen über Bord zu werfen und sich neu zu orientieren. Aber manchmal kann man den Enttäuschungen im Nachhinein einen Sinn abgewinnen. Vielleicht findet man einen Beruf, der einem viel mehr entspricht als der zuerst erstrebte, vielleicht reift man in der Zeit des Alleinseins, vielleicht nutzt man die jungen Jahre, um noch ins Ausland zu gehen, und vielleicht erfüllt einen die Geburt des Kindes mit unerwarteter Freude.

## Finde deinen Weg

Mitunter beklagst du die vielen Irrtümer,
die dir im Laufe des Lebens
unterlaufen sind.
Aber vielleicht sind gerade sie es,
die dich auf den richtigen
Weg gebracht haben.
Ich möchte dir jedenfalls Mut machen,
deine angefangene Richtung
nun auch zu Ende zu gehen.

# Die Kunst, allein zu sein

Viele Menschen, vor allem ältere, klagen über das viele Alleinsein, vor allem, wenn der Lebenspartner verstorben und die Trauer noch sehr lebendig ist. Das ist mehr als verständlich. Da stellt sich die Frage: was mache ich heute, wie gestalte ich meinen Tag; worin kann ich einen Sinn entdecken, woran Freude haben, vor allem, wenn die Kräfte schon nachlassen. Aber auch jüngere Menschen, die als Singles leben oder deren Partner beruflich viel außer Haus ist, klagen über das Alleinsein als Last oder sogar Qual. Doch Alleinsein birgt auch eine große Chance. Man ist auf sich gestellt, um das aufzuspüren, was einen erfüllt und man muss sich Ziele setzen, die man erreichen möchte. Man kann Anregungen aus Büchern schöpfen und in den inneren Dialog mit den Dichtern treten. Ohne äußere Ablenkungen darf man sich dabei immer wieder selbst in der eigenen Tiefe begegnen.

## Von neuer Hoffnung bewegt

Nach kahlen, kalten
Winterwochen
bricht eines Tages
sich der Frühling
leise Bahn.

Nach langer Zeit
der Einsamkeit
wird eines Morgens
auch dein Herz
zu neuer Hoffnung hin
bewegt.

# Allein, nicht einsam

Es gibt einen Unterschied zwischen „Allein-sein" und „Einsamkeit".

Ich selbst kann es genießen, allein zu sein. Da muss ich für niemanden sorgen, außer für mich selbst. Ich kann mir meine Zeit frei ein-teilen und das tun, was geboten ist oder wozu ich Lust habe, ohne auf jemanden Rücksicht nehmen zu müssen. Ich kann lesen oder fernsehen, wenn mir danach zumute ist und essen, was mir besonders gut schmeckt.

Anders verhält es sich mit der Einsamkeit. Einsam bin ich, wenn ich das Gefühl habe, dass sich niemand mehr für mich interessiert. Wenn ich mich von guten Freundinnen und Freunden im Stich gelassen fühle und nicht weiß, wie ich den Tag herumkriege.

Es kostet Anstrengung, sich bei alten Bekannten wieder zu melden oder eine Reise zu buchen. Aber es kann gelingen, sich einen neuen Kreis aufzubauen, der einen liebevoll auffängt, umfängt und in der Zukunft mitträgt.

## Berührung mit Vertrautem

Wenn dein Herz einsam ist,
zieht sich alles
in deiner Seele zusammen,
und der Druck wird spürbar
im Schmerz,
der den ganzen Leib durchzieht.
Erst die Berührung mit Vertrautem
kann wieder etwas ahnen lassen
vom Reichtum, den das Leben dir
durch Wärme, Licht
und Farben schenkt.

# Bei sich selbst bleiben

Sich abgrenzen,
Nein sagen können
zu den vielfachen Ablenkungen,
die von außen her
verführen wollen
zu einem
schillernden Leben
ohne Zentrum und Ziel.

Bei sich selbst
bleiben,
auch die Zeiten
der Einsamkeit
in der Stille ertragen,
Kräfte neu
wachsen lassen –
und die Begegnung
mit Seelenverwandtem
kommt nah.

# Lebendige Erinnerung

Es tut weh, Abschied nehmen zu müssen: von der Heimat, in der wir verwurzelt waren, von einem Ort, in dem wir uns zu Hause gefühlt haben, von unserem Berufsleben, von Menschen, die uns in unserem Leben für eine Weile Weggefährten gewesen sind. Die Erinnerungen leben in uns weiter – und es gibt immer wieder Augenblicke, in denen wir die Uhr zurückdrehen und das ein oder andere schöne Ereignis gern noch einmal durchleben möchten. Wirklich Abschied nehmen zu können, kostet Kraft, viel Kraft. Man muss sich die Vergangenheit noch einmal vergegenwärtigen, sich mit ihr auseinandersetzen, um sie dann abzuschließen wie ein Fotoalbum, das man nach erneuter Durchsicht aufatmend und in dem dankbaren Gefühl zuklappen kann, dass die schönen Bilder, die an wertvolle Augenblicke erinnern, ja erhalten bleiben und jederzeit wieder zugänglich sind.

# Das Leben ist kostbar

Vor einigen Jahren besuchte mich eine Freundin, die an Krebs erkrankt war. Wir saßen bei Kaffee und Kuchen in der Rosenlaube meines Gartens und genossen die warme Frühlingssonne, die duftenden Blumen und den Gesang der Amseln. Sie sah sich um und sagte ganz unvermittelt: „Das Leben ist so kostbar, das wird mir jetzt erst so richtig bewusst." Wenige Wochen später ist sie gestorben. Seither geht mir dieser Satz nicht mehr aus dem Kopf. Wenn ich mich niedergeschlagen fühle, erinnere ich mich an jenen Tag im Mai. Dann nehme ich wieder ganz bewusst wahr, wie herrlich es ist, wenn die ersten Knospen an den Bäumen aufbrechen und die Blüten im Laufe des Sommers zur Frucht reifen. Und bin dankbar dafür, dass ich jeden Tag aufstehen darf, um mich an der Natur, an Menschen, die mir nahe stehen – und nicht zuletzt an meinem eigenen Leben zu erfreuen.

## Ins Leben aufstehen

Dem Tod will ich
nicht mehr dienen,
bevor mir meine
letzte Stunde schlägt.
Der Gleichgültigkeit
will ich den Kampf ansagen
und den Egoismus
mit dem Funken verbindender
Liebe anstecken.
Der Einsamkeit will ich
Gesellschaft schenken
und der Not ein offenes Ohr.
Ich will meinen Mut
in die Hand nehmen
und tun, was ich kann.

# 5

## *Der Himmel beginnt in dir*

### *Auf dem Weg zur eigenen Mitte*

*Wir dürfen nicht müde werden beim Graben in uns – an einer Stelle stoßen wir auf Himmel.*
*Johannes Willibald Hofmann*

## Freude, schöner Götterfunken

„Freude, schöner Götterfunken" beginnt die Hymne an die Freude von Friedrich von Schiller, in der er den Zauber von Liebe und wahrer Freundschaft als eine paradiesische Erfahrung preist. Wenn die Freude unser Herz wie ein göttlicher Funke entflammt und uns die Faszination des Augenblicks sogar in eine Art seligen Erschauerns versetzt, dann geht der Himmel nicht nur über uns, sondern zugleich in uns auf. Da spüren wir mitten in unserem diesseitigen Leben etwas von einer anderen, göttlichen Welt, von der wir ahnen, dass sie unser manchmal in vielerlei Hinsicht so frag-würdiges Leben hier und jetzt auf den Boden tragfähiger Sinnhaftigkeit stellen will.

## Heimat

Wenn das Licht
des Himmels
dich erst einmal
ergriffen hat,
kannst du dich
seiner Faszination
nicht mehr
entziehen.
In seligen Erschauern
findest du heim
zu dir selbst.

# Vom Engel der Freude

Er klopft immer wieder an die Tür, der Engel der Freude. Doch vielleicht sind wir zu abgestumpft, um ihn wahrzunehmen. Wenn wir an ihn denken, erwarten wir wohl etwas Besonderes, das die Seele tief erschüttert und unser müdes Herz aus der Alltäglichkeit herausreißt: einen Sechser im Lotto, die Möglichkeit, berühmt zu werden, eine ganz besondere Auszeichnung für von uns erbrachte Leistungen, eine unerwartete Erbschaft ...

Dem Engel der Freude begegnen wir allerdings auf ganz anderen Ebenen: wenn wir gesund aufwachen, unseren Alltag bestehen können, ein freundliches Wort hören und spüren dürfen, dass wir mit dem, was uns auf unserem Herzen liegt, nicht allein gelassen werden, sondern angenommen und geliebt sind.

## Göttliches Licht

Vom Himmel lassen sich
inmitten der Nacht
überraschend neue Töne vernehmen:
Die Engel verheißen dir unendliche Freude,
und wenn du am Morgen
aus deinen seligen Träumen erwachst,
entdeckst du in deiner Seele
Spuren göttlichen Lichts.

# Vom Wachsen und Gedeihen

„Wenn ich in meinen Garten sehe, so sind dort alle Dinge voller Bibel", hat Martin Luther einmal gesagt. Es gibt ja in der Tat etliche Pflanzen, die namentlich mit biblischen Inhalten in Zusammenhang stehen. Denken wir zum Beispiel an den intensiv duftenden *Weihrauch* oder an die *Engelstrompeten,* an den blauen *Ehrenpreis* oder eine der ältesten Rosen, die *Gloria Dei* (Ruhm Gottes), an die *Passionsblume* oder an den zartgelb blühenden *Frauenmantel,* der an den Mantel der Gottesmutter Maria erinnern soll. Doch Martin Luther hat wohl allgemeiner gedacht: Der häusliche Garten erinnert an den Garten Eden, an den Ursprung der ungestörten Schöpfung. Im Garten keimt und blüht es wie einst im verlorengegangenen Paradies.

Von dem, was uns im Laufe des Jahres wächst, gedeiht und Frucht bringt, dürfen wir uns täglich nähren. Matthias Claudius hat das in einem bekannten Kirchenlied in die Worte gefasst:

*Wir pflügen und wir streuen*
*den Samen auf das Land,*
*doch Wachstum und Gedeihen*
*steht nicht in unsrer Hand:*
*der tut mit leisem Wehen*
*sich mild und heimlich auf*
*und träuft, wenn heim wir gehen,*
*Wuchs und Gedeihen drauf.*

Das gilt auch im übertragenen Sinn: Nicht alles liegt in unserer Hand. So manches, was uns durch die Jahreszeiten des Lebens hindurch nährt und kräftigt, entspringt einer himmlischen Quelle, über die wir nicht verfügen können. Sie wirkt auf unbegreifbare, unfassbare Weise in unser Dasein ein und lässt auch uns aufblühen und Frucht bringen, wenn die Zeit dazu gekommen ist.

# Nach innen schauen

Wir sind gewohnt, unser Leben zu verplanen. Das beginnt schon im Kindesalter. Nach dem Kindergarten in die Musikschule oder zum Ballettunterricht, nach der Schule in den Sportverein oder zum Reiten. Und so geht es weiter. Auch die Sonntage sind davon nicht ausgenommen. Man meint, ständig etwas, wie es so schön heißt, um die Ohren haben zu müssen. Ablenkungen von der Alltagsroutine um jeden Preis – nämlich um den Preis, sich ganz auf sich selbst einzulassen.

Nehmen wir einmal die orthodoxen Juden als Beispiel. Sie dürfen am Sabbat nur eine eingeschränkte Zahl an Schritten zur Synagoge gehen und keinerlei Dinge tun, die als „Arbeit" gelten. Dazu zählt zum Beispiel auch, den Schlüssel in die Autotür zu stecken. Das mutet uns fremd an. Fahren wir doch am Sonntag gerne ins Grüne, gehen ins Kino oder laden Gäste zum Essen ein.

Traditionell darf im Judentum am Sabbat auch nicht gekocht werden. Aber niemand braucht zu hungern. Denn dort haben sich Gerichte entwickelt, die man am Abend zuvor in den Ofen stellt und die am kommenden Tag gar sind. Da hat also auch derjenige einmal frei, der in der Familie kocht.

Wir können davon lernen, uns wenigstens einmal in der Woche eine feste Zeit einzurichten, in der wir uns nicht in Unterhaltungsveranstaltungen verlieren, sondern Einkehr halten bei uns selbst, um uns wieder neu zu finden. In der wir nach innen schauen. Dazu brauchen wir Ruhe. Einfach dasitzen und die Gedanken kommen und gehen lassen. Sich im Nichtstun üben. Zu den Wolken hinaufschauen. Träumen. Das ist keine verlorene Zeit. In solchen stillen Stunden der vollkommenen Muße gewinnen wir neue Kraft für die Aufgaben, die uns in der kommenden Woche erwarten.

# Ich selbst sein dürfen

Ich darf nicht nur da sein, ich darf sein. Ich darf ich selbst sein. Ich darf sein, wie Gott mich gewollt hat. Aber das ist oft gar nicht so einfach. Da sind die alten Zwänge aus Kindheitstagen, die Normen, festgelegt von anderen, wie ich zu sein habe. Da sind die Anpassungsmechanismen: „Was könnten denn die Nachbarn denken." Da ist der immer wieder aufkommende Drang, mich für mein Handeln rechtfertigen zu müssen. Manchmal geht es sogar soweit, dass ich das Gefühl habe, mich für meine Existenz überhaupt entschuldigen zu müssen. Es fällt bisweilen schwer, zu sagen: „Es ist gut, dass es mich gibt. Und es ist gut, dass ich so bin, wie ich bin." Diese Haltung dem Leben, mir selbst gegenüber, will immer wieder neu erarbeitet werden. Aber in den Zeiten, in denen es gelingt, mit mir selbst eins zu sein, ist das Gefühl von Freiheit und Lebensfreude grenzenlos.

## *Ankommen*

Nach zahllosen
kleinen Schritten
Tag für Tag,
Jahr für Jahr
endlich
mit sich selbst
ans Ziel kommen,
keine Fragen mehr
und kein Suchen,
alles in allem
einfach nur sein,
glückselig
sein.

# Vom Mysterium des Lebens

Das Mysterium des Lebens, unser Da-Sein-Dürfen, unsere Liebesfähigkeit, unsere Fantasie, Kreativität und Tatkraft sind in jedem Augenblick – jetzt und hier – Ausdruck der Schöpfung, Teil eines Ganzen, zu dem wir gehören, sie machen uns einzigartig in der Welt. In heiligen Momenten leuchtet uns die Gewissheit auf, dass wir nicht nur am Mysterium des Lebens teilhaben dürfen, sondern dass wir selbst ein Mysterium sind, einmaliges Geschöpf Gottes, sein Ebenbild, in dem sich die Fülle des Lebens, das Geheimnis göttlichen Seins, offenbart.

Aber oftmals können wir uns selbst nicht als „Geschenk des Himmels" wahrnehmen; den Schatz im eigenen Haus nicht aufspüren. Wir können uns oft selbst nicht annehmen, so wie wir sind, können uns oft selbst nicht lieb haben. Oder uns wächst der Alltag mit all seinen Problemen über den Kopf, dass wir nicht mehr wissen, wo wir mit der Arbeit anfangen sollen und aufhören können. In solchen Situationen leiden wir unter unserer Existenz, sind nicht wirklich bei uns, sondern stehen „neben uns" und haben das Gefühl, dass wir an unserem Leben vorbeileben.

Manchmal gehen wir weite Wege, um zu uns selbst und dem Leben, dem eigentlichen zu finden, um uns irgendwo und irgendwie doch selbst spüren zu können. Dabei ahnen wir nach und nach etwas von dem Reichtum, der in uns ruht und uns staunen lässt über die Schönheit und den Glanz des eigenen Lebens.

# Himmlische Welt

Meiner Erfahrung nach bricht die himmlische Welt manchmal ganz unvermittelt in unser Leben ein: durch eine tiefe menschliche Begegnung, das Lesen eines Wortes – und das kann, muss aber nicht ein Bibeltext sein – ein Wort, das uns aus unseren bisherigen Gedankengängen herausreißt. Das kann aber auch durch ein Erlebnis geschehen, das uns dermaßen tief berührt und erschüttert, dass unsere sorgsam eingerichteten seelischen Sicherheitssysteme gesprengt werden und unser Leben aus den Fugen gerät. Die Theologie spricht hier vom *fascinosum et tremendum*, von der Überwältigung durch eine uns zugleich faszinierende wie erschütternde Kraft. Da werden in uns Verkrustungen aufgesprengt, so dass wir herausgefordert werden, aufzubrechen und uns den Anforderungen des Lebens neu zu stellen.

## *Lichtschein einer anderen Welt*

Abstand gewinnen
von den Alltäglichkeiten,
Rückzug suchen
auf der Insel der Stille
und in dem abgeschiedenen Raum
der Gefühle.
In der Begegnung
mit deiner eigenen Wahrheit
ahnst du den Lichtschein
einer anderen Welt.

# Atem – Gabe des Himmels

„Atem ist das Element, das uns mit dem geistigen Kosmos verbindet. Er ist die Gabe des Himmels, der Geist, der in uns einströmt", hat der Arzt, Philosoph und Schriftsteller Wladimir Lindenberg einmal gesagt. Dem biblischen Schöpfungsmythos nach hat Gott dem Menschen seinen Odem eingehaucht: Atem ist also gleichzusetzen mit dem Leben, das uns geschenkt worden ist, er ist eine göttliche Gabe, mit dem wir achtsam umgehen sollten. Wenn wir atemlos durch unseren Alltag hetzen, vergeuden wir dieses Geschenk; im gelegentlichen ganz bewussten Atmen würdigen wir es. Im Ausatmen können wir verabschieden, was uns bedrängt, was uns bisweilen den Atem raubt – und im Einatmen dürfen wir unsere Lungen mit neuer Luft und unsere Seele mit hoffnungsvollen Wünschen, Fantasien und Bildern füllen.

*Still werden*

Sich von dem Lärm
der äußeren Welt zurückziehen,
die Tür hinter sich schließen
und die innere Unruhe ausatmen.
Die Gedanken, die einen umtreiben,
nach und nach verabschieden.
Leer werden –
und diesen Zustand eine Weile aushalten.
Auf die inneren Stimmen horchen,
die aufsteigenden Bilder
in ihrem Kommen und Gehen
und in ihren Veränderungen
wahrnehmen
und sich auf sie einlassen.
Das schönste von ihnen
als einen Schatz der Seele
in sich bewahren und weiterträumen,
um seine Botschaft mitzunehmen
in die kommende Zeit.

# Das Leben meditieren

Meditationen können uns den Weg zu einem verinnerlichten Leben weisen. Es gibt heute eine Vielzahl von Meditationsübungen: das Still-und-leer-Werden in sich selbst, gegenständliche Meditationen, wie die Meditation eines Symbols, Fantasiereisen oder die Gestaltung eines Mandalas. Wir werden herausfinden, welche Form uns am ehesten entspricht. Zur Meditation bedürfen wir der Ruhe und Stille. Wir dürfen uns dabei nicht unter Druck setzen, bestimmte „gute Erfahrungen" machen zu müssen. Bei der Meditation handelt es sich immer um eine absichtslose Konzentration, die eingeübt werden will. Solche Achtsamkeitsübungen sollen uns aus der Zerstreutheit und den Zerstreuungen des Alltags heraus zu innerer Sammlung führen, um die göttliche Kraft in uns, um uns selbst ganz wahrzunehmen.

## Kraft allen Seins

Sich ein Leben lang
dem Vollkommenen nähern,
der uns alles in allem
durchströmenden göttlichen Kraft,
dem Energiefluss des Lebens,
der unser Dasein von Anbeginn an
zur Erfüllung und Vollendung
unserer eigenen Existenz
führen will.

# Nachtgedanken

Die „Heilige Nacht" muss es für uns nicht nur einmal im Jahr geben. Vielleicht kann uns im Laufe des Jahres so manche Nacht „heilig" werden. Die Nacht als Zeit der Ruhe und als Raum der Stille, die Dunkelheit, die sich um uns legt wie ein Mantel, der uns schützen und bergen will vor all den Fragen, den Anfeindungen und den Auseinandersetzungen des hellichten Tagesgeschehens. Die Nacht, in der wir zu unseren verborgenen Fantasien und Energien erwachen, in der sich die Seele öffnen kann und dem Bewusstsein Tiefe schenkt.

Manchmal brauchen wir die Erfahrungen der Nacht, in der uns die Träume den Weg ahnen lassen, auf dem wir zu dem göttlichen Urgrund unseres Lebens, zu unserer eigenen Tiefe, finden können. Denn unsere Träume sind nicht nur Schäume – sondern können uns, wenn wir achtsam auf sie sind und lernen, sie zu verstehen, aufweisen, wo wir mit uns selbst gerade stehen und wie es mit uns weitergehen kann.

Manchmal brauchen wir aber auch in ganz anderem Sinn die Erfahrungen der Nacht: die Erfahrung von Angst und Enge, von Irrtum und Scheitern, von Verzweiflung oder Krankheit, die Erfahrung von der Grenze unserer Existenz, damit wir aus der Gleichförmigkeit des alltäglichen Lebens herausgerissen und uns der Kostbarkeit unseres Lebens wieder neu bewusst werden.

Manchmal brauchen wir die Erfahrungen der Nacht: das Leuchten der Sterne, das uns den Blick für die Weiten des Kosmos öffnet und uns das Geschenk unseres vorübergehenden eigenen Seins in dem Weltganzen aufleuchten lässt. Im Staunen, im Ergriffensein von der einmaligen Schönheit des Kosmos dürfen wir darüber beglückt sein, dass wir – wenn auch nur für eine begrenzte Zeit – dazugehören zu dem ewig Ganzen – zu der Ganzheit der Ewigkeit.

## Ein Teil des Ganzen

Die unendliche Weite
und glänzende Schönheit
des Kosmos
spiegelt sich
in deiner eigenen Seele wider.
In dir selbst
strahlt eine Welt
voller Sterne
und beschenkt dich
mit dem unermesslichen Glück,
dass du ein Teil
des Ganzen bist.

*Hingabe an das Leben*

Wenn du das Leben
mit wachsamen Sinnen erfasst
und dich deiner Sinnlichkeit
mit Freude und Lust
hingeben kannst,
dann stillt sich im Stillen
dein Verlangen nach Sinn.

# Von den Sinnen zum Sinn

Das Staunen darüber, dass wir ein Teil des Kosmos, des Weltganzen sind, kann uns mit tiefer Liebe erfüllen. Mit der Liebe zu uns selbst, dass wir, trotz aller erlittenen Schmerzen oder Demütigungen, am Glanz dieser Schöpfung teilhaben dürfen – und zugleich mit der Aufmerksamkeit für alles, was Leben ist. Die Welt an sich, all das, dem wir im Alltäglichen begegnen, kann für uns eine göttliche Qualität bekommen. Im Kleinen vermögen wir das Ganze zu erkennen, in der Betrachtung einer Blume entfaltet sich uns die Schönheit der Schöpfung, weil wir nicht mehr nur mit den Augen, sondern mit dem Herzen sehen. In einem Leben mit geöffnetem Herzen erschließen unsere Sinne unser Sein neu. Nicht umsonst heißt es in Psalm 34,9: „Schmecket und seht, wie freundlich der Herr ist", ein Vers, der in die Liturgie des christlichen Gottesdienstes als Einladung zum Abendmahl Eingang gefunden hat. Die Lust am Essen und Trinken, die Freude an dem Genuss, den Hunger und Durst unseres Leibes mit den guten Gaben der Schöpfung köstlich zu stillen, das bewusste Spüren all unserer Sinne kann uns durchaus zu einer spirituellen Erfahrung werden. Wenn wir ein uns anrührendes Musikstück hören, erleben wir das als Ohrenschmaus – wir werden in besonderer Weise gesättigt – oder beim Anblick eines Sonnenaufgangs gehen uns die Augen über, wir ahnen hinter diesem Naturschauspiel etwas vom Licht einer anderen Welt.

# Engel mit einem Flügel

Der Dichter Luciano de Crescenco hat einmal den schönen Satz formuliert: „Menschen sind Engel mit nur einem Flügel. Wenn sie fliegen wollen, müssen sie sich umarmen." Was für ein wundervoller Gedanke: das Vertrauen zueinander, die Umarmung unserer Körper, die Verbundenheit unserer Seelen, die Nähe unserer Herzen lassen uns leicht werden. Im Miteinander können wir zart sein, vermögen wir dem Wesentlichen auf den Grund zu gehen und die spirituelle Tiefe unseres Daseins wahrzunehmen. Da öffnet sich uns der Himmel in uns selbst in einer neuen Dimension zu einer gleichermaßen geweiteten und vertieften Sicht unseres Lebens, aus der heraus uns die Erfahrung von Sinn immer wieder aufs Neue zuströmt.

# Sinn-voll leben

Wenn wir unser Leben mit all unseren Sinnen leben, erfahren wir es als sinn-voll. In der Wahrnehmung der Lebensfülle nehmen wir Sinn wahr, Lebenssinn. Die Erfahrung von der Bedeutsamkeit des eigenen Lebens befreit uns von unseren Ängsten und Unsicherheiten. Leichten Herzens bekommen wir Lust, Zukunft zu denken und zu planen. Träume steigen zum hellen Himmel auf und kreative Einfälle beleben uns dazu, uns in Gedanken allerlei Schönes und Beglückendes auszumalen. Wir überlegen, welche unserer Wünsche wir als nächste verwirklichen, welche Verrücktheiten wir uns leisten, welchen Spaß wir uns gönnen wollen. Wenn wir so innerlich befreit und gelöst sind, wenn wir also gleichsam Erlösung erfahren dürfen und mit unserem Dasein in freudigem Einklang leben. Wir werden bewegt, unser Leben in achtsamer Dankbarkeit zu gestalten.

# Gelebter Dank

Wenn wir uns bewusst werden, dass unser Leben ein göttliches Geschenk ist, werden wir bemüht sein, uns dieses Geschenks als würdig zu erweisen. Wir werden alles daran setzen, mit dem, was uns umgibt, achtsam umzugehen. Wir werden jeden anderen Menschen in seiner einmaligen Würde achten und in seinem Anderssein respektieren und tolerieren. Damit weichen die Vorurteile und die Grenzen zwischen Rassen, Kulturen, Religionen, Geschlechtszugehörigkeit und Lebensform auf. Wir werden die Natur als Schöpfung betrachten, die von uns bewahrt werden will. Wir werden uns um Artenschutz sorgen und verantwortungsvoll mit dem umgehen, was wir von der Erde an Rohstoffen und Lebensmitteln verbrauchen. Wir werden auf diese Weise etwas beitragen zu einer versöhnten und friedvollen Welt.

# In Frieden leben

In Frieden leben
mit uns selbst,
uns immer wieder Zeiten
der Stille schenken,
um uns in der Tiefe
zu finden.

In Frieden leben
mit Freund und mit Feind,
geben von dem,
was wir haben –
manchmal auch die Hand
zur Versöhnung.

In Frieden leben
mit der Schöpfung,
achtsam umgehen
mit dem, womit die Erde
uns tagtäglich
reichlich beschenkt.